U0336269

大师经典

人才引擎

企业市值如何实现翻倍增长

[美] 阿尼什·巴特洛（Anish Batlaw）　拉姆·查兰（Ram Charan）著

桂曙光　任溶　译

Ram Charan

Talent

The Market Cap Multiplier

机械工业出版社
CHINA MACHINE PRESS

用人决策，是CEO、投资者和董事会必须面对的艰难且高风险决策。世界一流的公司，包括互联网初创公司和传统大公司，都要面对同样的课题。在这本书中，美国泛大西洋投资集团的运营合伙人阿尼什·巴特洛和资深商业顾问、《纽约时报》畅销书作者拉姆·查兰提供了一个罕见的内部视角，让我们了解当CEO迅速而准确地采取行动、组建正确的领导团队时，会如何创造股东价值，进而向读者展示了如何建立和激励管理团队，使企业价值在4～5年内成倍增长。

图书在版编目（CIP）数据

人才引擎：企业市值如何实现翻倍增长／（美）阿尼什·巴特洛（Anish Batlaw），（美）拉姆·查兰（Ram Charan）著；桂曙光，任溶译. -- 北京：机械工业出版社，2024.10. --（大师经典）. -- ISBN 978-7-111-76755-8

Ⅰ. F272

中国国家版本馆CIP数据核字第20247JB511号

机械工业出版社（北京市百万庄大街22号　邮政编码100037）
策划编辑：李新妞　　　　责任编辑：李新妞　解文涛
责任校对：肖　琳　李　婷　责任印制：李　昂
河北宝昌佳彩印刷有限公司印刷
2025年1月第1版第1次印刷
169mm×239mm·10印张·1插页·96千字
标准书号：ISBN 978-7-111-76755-8
定价：69.00元

电话服务　　　　　　　　　网络服务
客服电话：010-88361066　　机　工　官　网：www.cmpbook.com
　　　　　010-88379833　　机　工　官　博：weibo.com/cmp1952
　　　　　010-68326294　　金　书　网：www.golden-book.com
封底无防伪标均为盗版　机工教育服务网：www.cmpedu.com

推荐语

这本书应该成为每个组织增长战略的基石。在这个充满前所未有预期的时代，领导者需要用阿尼什和拉姆无与伦比的专业经验和第一手知识，来指导他们如何培养优秀的领导者，以获得最佳业绩。精彩！

—— 鲍勃·斯旺（Bob Swan），英特尔公司前 CEO

重视人才一直是泛大西洋投资集团的投资流程和成功的核心。阿尼什和拉姆把这一经营假设提升到了一个新的高度，他们展示了如何将人力资本决策进行系统化和操作化，这些决策的基础是大量事实数据，体现了人才对实现公司目标有着巨大的影响。

—— 斯蒂芬·A. 丹宁（Steven A. Denning），
泛大西洋投资集团（General Atlantic）名誉主席

吸引并留住高效能的人才对于公司的成功至关重要，就跟打造合适的产品一样，甚至更为重要。对于那些希望运用已经过验证的数据驱动型方法来识别、招募及投资合适的人才，并让他们获得成功的人来说，这本书是一份绝佳的指南。

——佩吉·约翰逊（Peggy Johnson），Magic Leap 公司 CEO

人的管理是成功的最大驱动因素之一，但往往也是 CEO 在管理上最困难的挑战。这本书提供了关于人才管理方面的见解，将对所有企业的高管产生影响！

——杰姬·利塞斯（Jackie Reses），Post House 资本 CEO，

Square 和雅虎的前首席人力资源官

阿尼什·巴特洛和拉姆·查兰提出了一个令人信服的观点，即最好的人才是将企业战略转化为经营现实的引擎。通过对六家公司生动的研究，他们向你展示了如何评估、招聘和管理这些人才。企业领导力是一个市场价值的乘数，本书提供了如何确保和支持这个乘数的方法。

—— 迈克尔·乌塞姆（Michael Useem），

宾夕法尼亚大学沃顿商学院管理学教授，

《优势：10 位 CEO 如何学会领导》一书作者

人力资本的重要性怎么强调都不为过。阿尼什和拉姆非常清楚地解释了为什么对于任何一家有着超大增长野心的公司来说，培养和留住强大的团队必须成为其首要任务。

—— 威廉·E. 福特（William E. Ford），

泛大西洋投资集团董事长兼 CEO

哇!!! 阿尼什和拉姆不仅找到了，还掌握了如何通过人才来提高企业市值的方法。人的能力是企业市场价值的新前沿，

他们的想法、故事和工具对于致力于提升利益相关方价值的任
何组织和领导者都至关重要。

　　—— 戴维·尤里奇（Dave Ulrich），密歇根大学罗斯商学院
伦西斯·利克特管理学教授，RBL 集团合伙人

　　有一种将领导者和领导团队组合在一起的科学，可以为企
业的所有利益相关方提供长期服务。在我 30 多年的职业生涯
中，我一直相信，每一位领导者的首要角色都是系统地打造一
支这样团队。拉姆和阿尼什用一种易于学习的方式出色地阐述
了这一点，每一位善于实践的领导者都可以用它来创造长期
价值。

　　—— 泰格·蒂亚加纳詹（Tiger Tyagarajan），
Genpact 公司总裁兼 CEO

　　每个人都在谈论如何获得合适的人才，但很少有人真正像
我们对待其他关键业务那样，用心、专注地投入制定人才战
略。在本书中，阿尼什和拉姆通过一流的真实商业案例，展示
了人才战略在设计和执行得当的情况下如何改变游戏。更重要
的是，他们量化了人才选择对公司整体财务业绩的直接影响。

　　—— 小约翰尼·C.泰勒（Johnny C. Taylor, Jr.），
人力资源管理学会（Society for Human Resource Management,
SHRM）总裁兼 CEO

对于希望通过专注于自己的"人才库"来实现市场价值倍增的首席执行官、首席人力资源官和任何其他 C 级高管来说，这是一本必读之作。通过实际案例研究，以及一套让人才成为任何组织的市值乘数的方法论，阿尼什和拉姆对这种市场价值进行了量化。

—— 卡罗尔·瑟菲斯（Carol Surface），博士，

Medtronic 公司首席人力资源官

在他们的这本最新合著中，拉姆和阿尼什完美地构建了业务案例、方法体系，并通过强调泛大西洋投资集团的《人才行动手册》中的关键原则，生动地展示了领导人才和人力资本是如何成为一个变量的，如果你做对了，就会减少创造价值的时间，并打造持久、可持续的企业。

—— 肯尼迪·迪皮特罗（Kenny Dipietro），

Cerevel Therapeutics 公司首席人力资源官

前　言

高效能的人才是市值乘数

拉姆·查兰

我认识阿尼什·巴特洛已经有 25 年了，从他在百事可乐（PepsiCo）和诺华公司（Novartis）担任高级人力资源主管（Senior Human Resources Executive）开始，到他在得州太平洋集团（Texas Pacific Group，TPG）负责投资组合公司的人才管理。我一直对他开创性地接受一个重要观点印象深刻，即识别和培养高效能高管人才的工作不应该是核心领导结构之外、孤立的企业职能，而是实现企业成功的关键要素。这可能听起来像是一个纯粹的技术性想法，只需要在组织结构图上挪动一些方框的位置，但我在与几十家领先企业的投资交易中了解到，这是一项重大创新，其基础是更为强大的洞察力。年复一年，阿尼什通过识别、招募和支持作为价值创造重要引擎的人力资本，巩固了自己令人羡慕的成功纪录。他跟我分享了一种理念，这种理念已经过多年的经验证明，即在无休无止的商业成功大戏中，敏捷、协作的人才比战略更重要。

不久前的一个晚上，我和阿尼什吃了一顿非正式的晚餐，我问了杰克·韦尔奇（Jack Welch）最喜欢的一个问题："阿尼什，有什么新情况吗?"对于韦尔奇来说，这不是闲聊，而是一种窥视管理系统前沿，并听取最新技术和观点的做法。阿尼什理解这个问题，并进行了一场精彩的阐述，介绍了他如何通过创新为备受尊敬的私募股权投资机构——泛大西洋投资集团（General Atlantic）——培养人才，并用他严谨的方法为其投资组合公司提供支持。他说他改进了一种方法，比通常的猎头要快得多，而且系统性更好。在让高效能的人才快速找到合适的工作方面，他的平均成功率（batting average）远远高于正常水平。他所在的投资机构实现的丰厚投资回报，极大地强化了他这种方法的价值。我对此很感兴趣，于是我们开始分享一些想法。

让我印象尤其深刻的是，他在谈到投资组合公司时使用了一个关键指标。多年来，投资者和很多私募股权投资机构在投资时都将 EBITDA（息税折旧摊销前利润）作为优先关注的因素，部分原因是很多分析师和机构投资者一门心思地关注这一指标。但在我们的谈话中，阿尼什谈到了市场价值（market value），以及他如何让市场价值实现成倍增长，并以此作为他的关键衡量指标。这是一个看似简单但重要的观点，它引起了我的注意。

私募股权投资机构衡量业绩的标准是看内部回报率（internal rate of return，IRR）和投资者投入资本的回报倍数，顶级投资机构的目标是五六年内实现 2.5 倍的回报，有时会在 4 倍以上。上市公司通常衡量股东的短期回报（如 1~3 年），但公司可以向顶级私募股权投资机构学习，从更长远的视角关注价值创造。人才是其中必不可少的组成部分。

阿尼什介绍了泛大西洋投资集团投资组合中的一家公司，并对其领导力和前景充满激情，公司业务规模在快速扩张，并预期在四五年内让股东价值实现超过 4 倍的增长。让我感到不同寻常的是，他对投资组合公司进行分析和为其制定人才战略时遵循了严格的流程。他有一个数据驱动的《人才行动手册》（*Talent Playbook*），与泛大西洋投资集团的投资交易目标紧密结合。

他介绍了自己如何与泛大西洋投资集团的合伙人及投资组合公司的领导团队紧密合作，以简化和改善组织结构和运营节奏，从而扩张业务规模。他实施了一套精确的、行之有效的方法，在合适的时间、合适的地点获得高效能的人才。他的思维方式类似于一位创业者或企业家，并且按照对自己负责的方式，不是去确认各种指标选项，而是实现市值乘数。

　　简而言之，他颠覆了人们对首席人力资源官（Chief Human Resource Officer，CHRO）所做事情的陈旧、局限性的看法，并将其转化为价值创造过程中一股重要的驱动力。他为我多年来信奉的哲学带来了一个全新的视角，即只有最具创新性、最敏捷、最关注数据的高管，才能根据快速变化的市场状况实时做出快速决策，并抓住或创造最佳机会。我的书经常是跟实践者一起写的，所以我可以突出他们在真实世界中的经历，解释他们工作背后的原则和教训。阿尼什解释了他自己颠覆 CHRO 的常规角色、重新定义 C 级[⊖]高管运营手册的方法，在此过程中，我意识到为了对其他高效能、渴望理解价值创造过程的高管有帮助，应该写一本有分量的书来阐释这一视角并介绍这些方法。

　　2020 年初，新冠疫情来袭，很突然和意外，也很悲惨。疫情造成的经济混乱是全球性的，也是现代社会史无前例的，它颠覆了无数屡试不爽的企业行为准则。但此次疫情更加清楚地表明了前瞻性、数据驱动型领导者的关键作用，以及运用阿尼什和我在本书中描述的方法的紧迫性。在表现最好的组织结构中获得卓越的人力资本，或许是应对这场经济危机、抓

　　⊖　C-suite：C 级高管，即企业决策层、首席某某官（CXO）。——译者注

住隐藏在废墟中的机会的最佳途径。归根结底，这是一个极其乐观的模式，因为它关乎增长，关乎对管理团队的鼓励，关乎激发创新。人才是价值的创造者，每位领导者都依赖它。它会影响商业机会、商业模式、战略、客户获取和战略执行。这就是我们在本书中所描述内容的新颖之处和不同之处。

谁是杰出的实践者？他们如何产生这样的影响？他们的模式可以被复制吗？这本书介绍了一种方法和实践方式，可以让股东获得超额收益，在很多情况下，这种收益是在 4～6 年达到 4 倍以上。我们通过分析六个真实的案例研究来展示这种方法，总结出每位领导者都需要了解的关键经验、挑战、侥幸的成功和最终结果。

案例研究中介绍的公司代表了高度的多样性。有的公司总部位于美国，两家在英国，一家在瑞典，一家在印度；有的公司是跨国经营，有些仅在美国经营；有的公司由女性 CEO 领导，有的则由男性 CEO 领导；有的是高速增长，一家是重振转型，一家是刚刚完成合并；有的公司是小规模市值，有些是中等规模市值，还有一家是大规模市值。不论情况如何，每家公司都运用了《人才行动手册》来缩短价值创造的时间。

书中及时的分析，延续了我在 50 年职业生涯中所做的事情，即为大企业、大企业的董事会、CEO、CHRO 和中层管理人员提供建议。在此过程中，我已经找到了一些能够真正发挥作用的实践者，他们不是一次或两次而是持续不断地发挥作用，因为他们具备卓越的洞察力，我还帮助他们开发了创新实践方法和技能。

我们的六个案例研究会让你置身其中，置身于过程和日常运营，更重要的是，置身于阿尼什的思维之中。你将看到他如何与自己的团队及合伙人一起诊断问题、设计解决方案。你会看到阿尼什和他的团队组织面试、精心收集数据、记下 200 页甚至更多的笔记，并维护记分卡，以确保评估尽可能客观和系统。

他的方法与旧的惯例、直觉和猜测分道扬镳，并深入实际运营之中，揭示实现高回报的障碍以及为实现目标需要做出哪些改变。他的方法并不常见，但可以学习借鉴。当然，从传统上讲，人力资源（HR）在大多数公司中并没有扮演过这样核心的角色，一直是独立存在的。CHRO 很少会有主人翁意识，也很少会被要求对提高公司整体业绩负责。这种责任制是阿尼什开发和采用创新流程的关键。

这种方法是可复制的，它包括了对现实世界中细微差别和挑战的详细解释，比传统 HR 管理人员分散的方法要好得多。

以下是我们将从这些案例研究中提取的一些基本经验。

橡树街健康公司（Oak Street Health）是一家超高速增长的企业，正在为美国医疗保险（Medicare）患者打造一个覆盖全美的连锁诊所。该公司的案例展示了年轻且极具才华的CEO/创始人如何从精心的领导力发展和支持中受益，建立合适的团队，并在此过程中为运营一家规模和价值都在倍增的复杂公司做好准备，因为它在全国范围内扩张。

印度大型连锁超市先驱 Vishal Retail 的故事，记录了一家在投资时濒临倒闭的公司如何走上一条大幅增长和成功道路，该公司不仅聘用了一位优秀的 CEO，还在他周围建立了一支高效能的领导团队。另外，阿尼什也在董事会上提供了指导和明智的支持。这是一次非常出色的重建行动，由经过深入研究的人才升级引领。

Depop 是一家令人兴奋的电子商务颠覆者，在英国本土市场表现出色，但其快时尚转售应用程序要想实现全球化的目标，特别是要想在美国赢得竞争，则需要进行大幅的升级。一位技能突出的 CEO 得到了认真的评估，并得到了各种支持，包括重建领导团队、提升几个关键职位以及改善与团队的沟通，以启动重组来应对这些挑战。

阿格斯媒体（Argus Media）是一家非常有前景的大宗商品价格和能源市场情报公司，由于 CEO 与董事长之间的矛盾，该公司在投资时面临混乱。当然，这种情况在现实世界中是可能出现的，首席人才官（Chief Talent Officers，CTO）必须学会如何通过谨慎、客观和数据驱动的方法来应对各种情况，以确保合适的管理到位——不是为了解决当前的问题，而是要有能力推动公司在 3~5 年发展到所需的水平。高管团队中哪些人会留下，哪些需要离开，最终的决定需要植根于选择有能力创造长期价值的领导者的需求，这一需求会带来丰厚的回报。

Hemnet 是瑞典的一家占主导地位的房地产信息网站，这个案例表明，在投资时评估一位在任 CEO 需要非常谨慎。阿尼什需要迅速判断当时的掌权人是不是扩张公司规模的合适人选，如果不是，他们将如何在一个相对较小的市场中挑选出一位高效能、精通技术的替代者。该案例还展示了支持新任 CEO、评估组织结构和领导团队的运营节奏，以及指导如何优化业务以承受扩张压力等工作的重要作用。

从我们分析的所有案例中，可以得出的最重要的经验教训是，应用这种人才方法论已经被反复证明是一种可靠的价值创造手段。我反复核对了这些案例，以确保我们正确地评估了这种方法并描述了相应的结果。我们解释了理解和实施这些创新的人才管理方法如何支持 CEO 和领导团队进行更快的决策和更有远见的思考，以及如何制定创造性的战略。这涉及原则、分析、执行和价值指数增长，以及颠覆和重新思考人才和领导团队在组织中的作用。

在阿尼什的手里，C 级高管团队的规划和执行已经发生了转变。在我担任 CEO 和董事会顾问的漫长职业生涯中，经常就人才问题的首要性向顶尖企业提供建议。我写过的 31 本书中，有一些描述了我长期以来对人力资本在创造价值方面所扮演角色的认同，这些角色无可争议，有时却未得到充分重视。如果你能正确应对，其他的一切都会水到渠成。

但还有一条相关的经验。这种模式不仅适用于私募股权投资机构，甚至也适用于风险投资支持的初创公司。这些公司可能具备很大的灵活性，可以迅速采纳这些见解，但即便是一些受尊敬的超大型公司也已经证明，明智地专注于培养高效能的人才，并为他们的成长提供支持，可以创造出令人惊讶的市值乘数。这就是我们在强生公司的案例分析章节中将要阐述的内容。

各位读者，你们可能是公司的 CEO 或是不安分的 C 级创新型高管，你们都拥有实现更高市场价值的承诺。这是一种力量。本书将会帮助你达到目的。

目　录

支持合适的领导者和团队，快速而坚定地行动，将会带来
非凡的成果，而出错可能会造成破坏。

橡树街健康公司是一家前瞻性的创新企业，它展示了在扩
张业务时应该考虑的众多最佳实践做法。

Depop 的案例带我们深入了解了阿尼什和他的团队在制定
人才战略时遵循的流程，以及他们以超过 90% 的准确率招募
人才的方法。

一家被银行抛弃、即将被人扔进垃圾桶的公司，如何起死
回生？

第 1 章

人才：价值创造的引擎

威廉·E.福特，泛大西洋投资
集团董事长兼 CEO

　　泛大西洋投资集团（以下简称泛大西洋投资）作为一家开创性的增长型股权投资机构，拥有悠久的成功历史。该公司运用了一种独特的方法，通过打造一些伟大的公司，创造了非凡的市值乘数。该公司的创始人是企业家兼慈善家查克·费尼（Chuck Feeney），他之前曾联合创立了机场零售店免税购物者（Duty Free Shoppers）。1980 年，他创立了泛大西洋投资，作为一个直接投资实体去支持有远见的创始人，同时放大他"回馈"社会的能力，实现他的使命：捐出一生积累的财富。

　　1982 年，查克正式成立了大西洋慈善基金会（Atlantic Philanthropies）。该基金会在最初的 15 年里以匿名方式运作，因为查克渴望拥有灵活性和保持低调。成立 38 年来，大西洋慈善基金会提供了近 100 亿美元赠款，在世界各地的社区创造机会并促进更大的公平和公正。查克曾经说过："如今，通过支持有价值的事业可以获得如此多的好处，我看不出有什么理由推迟给予。"这个指导原则就是"趁活着时就捐出"（giving while living）的理念，这个理念一直激励着众多的慈善家，至今仍渗透在泛大西洋投资的文化之中。

泛大西洋投资的创始团队，包括前 CEO 兼名誉主席斯蒂芬·丹宁（Steve Denning）和副主席戴夫·霍奇森（Dave Hodgson），都对技术的力量和无处不在的潜力深信不疑。我们公司的优势在于与高效能的创业者和领导团队合作，规模化发展有前景的全球业务，投资创新的产品、新市场以及更重要的人才。这是一种独特的乐观主义哲学，致力于创造持久的商业成功，让众多的利益相关者、客户、员工和高管、社区和投资者从中获得收益。

尽管泛大西洋投资拥有良好的记录，但自 2007 年起担任公司 CEO 的比尔·福特（Bill Ford）在几年前反思了这个方法，认为我们可以做得更好。他的专注点是人才，这是他在这个行业的长期经验告诉他的，也是泛大西洋投资的投资组合公司获得成功最难以琢磨但最重要的因素之一，也许在很多方面还没有得到充分的重视。

比尔认为，在很多情况下，投资组合公司在组建合适的领导团队时花了太长的时间，或者公司在找到合适的人选之前不得不多次更换领导层，这会让他们损失宝贵的时间，并导致回报降低。他的观点得到了数据的明确支持。比尔决定，解决方案是投资打造一个全面的、数据驱动的、有原则的方法，以一致的方式识别、评估和培养高效能的人才，并建立高绩效的企业文化。通过分析多年来的表现，他的基本观点是，人才是创造价值的关键引擎，尤其是在当今充满挑战、瞬息万变的知识经济时代。让合适的领导者更快速、更平稳地到位需要成为公司的核心原则。

"我深信，人才是区分卓越表现和良好表现的唯一最重要的变量，对于增长型公司尤其如此。"比尔在一次采访中说，"以前，我们关注的是合适的投资项目、合适的价格和交易结构。但我们发现，人才跟所有这些东西一样重要。"按照比尔自己的说法，他已经成了一名人才的福音传播者，并采取了一系列具体措施，这些措施给公司及其投资组合公司带来了变革。

如今，泛大西洋投资的人才职能已成为投资流程中不可或缺的一部分，并且深入参与投资组合公司的管理，是其创造价值的关键部分。作为公司的运营合伙人（Operating Partner），我的职责是全力支持我们的投资组合公司打造高质量的管理团队和董事会，培养高度敬业和多元化的员工队伍。由于比尔的资助，这项工作才得以进行。

跟比尔一样，我整个职业生涯都在学习领导力，亲眼看见了人才对创造价值的影响。我在私募股权投资行业工作了超过14年，其中7年在泛大西洋投资，此前的7年在TPG资本。在进入私募股权投资行业之前，我曾在百事可乐、微软和诺华公司工作。在那些公司，我逐渐了解到战略性人才管理对不同行业、不同地域和不同规模阶段的公司所产生的普遍影响。

在我加入泛大西洋投资几个月之内，我和比尔就设定了一个长期目标，即"在完成交易的6个月内，让投资组合公司就位一支合适的管理团队"。这是关键的第一步，更重要的是，这也成了我和投资端合伙人在公司层面的共同目标。随后，我和比尔及我们的合伙人共同努力，在2016年将这一方法编纂成了一系列具有里程碑意义的备忘录。我们称这个模型为《人才行动手册》，其建立的基础是严格的数据分析、一致的方法和可复制的结果。

"在我们的投资组合公司内部打造领导能力是我们所做的最重要的事情之一。"比尔曾经写道。

为了制订这份行动手册，我们首先查看了公司12年来的投资数据, 发现的情况令人震惊。我们了解到, 在更换 CEO 这件事情上犯了错误的投资项目, 与第一次就正确更换 CEO 的项目相比, 前者的平均内部收益率要低 82%。此外, 在交易完成一年内成功更换 CEO 的项目, 平均内部收益率最终比在一年后进行更换的项目要高 6 倍。支持合适的领导者和团队, 快速而坚定地行动, 将会带来非凡的成果, 而出错可能会造成破坏。

所有给投资决策委员会 (Investment Committee, IC) 展示的拟投资项目都有一页专门介绍人才和企业文化的资料。在这一页内容中, 通常包括当前管理能力的概述和未来的人才需求、董事会构成以及对文化和员工多样性的观察。我们不仅关注每家公司的一两位高管, 还会深入公司的内部, 了解它们的整个领导团队、组织架构、运营节奏、人才体系和员工参与度。

在交易完成之后, 我们会融入管理团队之中, 以便更好地了解其优势领域和潜在发展机会, 所有这些都是在扩张业务规模的背景下进行的。然后, 我们将自己的发现汇总起来, 帮助 CEO 制定和执行与交易主题一致的人才及组织策略。这已经成为泛大西洋投资的一个核心流程。

在我们的人才评估方法中, 最具挑战性的变量之一, 是识别出哪些高管有能力打造和管理比当前规模更大、更复杂的业务。也许这个流程中最困难的部分在于，要决定与一些领导者分道扬镳，他们可能表现出色、忠诚且受人喜爱，但被判定为不具备带领公司进入下一阶段发展所需的技能和领导力。

比尔说："增长型公司的 CEO 通常本能地知道，他们团队中有些人在第一阶段取得了成功，但他们没有能力支持公司完成下一个增长阶段。这是最艰难的地方，尤其是在你创业的初期，这些人在你身边，帮助你渡过难关。他们通常忠诚、勤奋、有能力，但如果他们没有为下一阶段发展做好准备，你就必须从公司的最大利益出发，提升团队，让公司走向成功。"

"即使作为公司的一名董事，看到这种事情的发生也会有一种不舒服的感觉。"比尔继续说道，"但这些领导者将公司的使命和前进的目标置于忠诚之上。这是一个艰难的决定。但是，如果不做出这些改变，你就会阻碍公司的成长。"

他补充道："即使是在时速每小时 50 或 60 英里（1 英里约为 1.61 千米）的情况下，那些优秀的增长型公司的 CEO 也愿意对公司进行变革，并就人才问题做出一些非常艰难的决定。"

最后，比尔强调，他在增长型公司的领导者身上要寻找的最大优势，不仅是具有高瞻远瞩的愿景和实现愿景的战略，还要有能力打造一支优秀的团队，让他们能够管理公司不断增长的规模和复杂性，并推动执行。

"伟大的人是领导者，而不是管理者，从某种意义上说，领导者会将人们带到他们甚至无法想象的高度。管理者能有效地管理资源，并以非常积极的方式推动公司的发展。真正的领导者不会设置不合理的目标，目标都是理性的，即使它们看起来无法实现。"

推进我们人才议程的另一项关键举措，是建立一个由经验证的高效能高管组成的数据库。我们了解他们，一旦投资组合公司出现需求，我们可以随时向他们寻求帮助。我们称之为人才银行（Talent Bank）。我们的职能是遵循一个严格的流程，在市场中寻找有才能的高管，甚至在我们的投资组合公司有需求之前，就邀请他们来探讨各自的背景和目标。我们的所有合伙人都积极为人才银行贡献力量。

维护人才银行既耗时又具有挑战性（我们跟踪了4000多名高管），但回报是巨大的。我们发现，与猎头公司合作物色关键高管通常需要150~160天相比，如果我们可以通过人才银行或其他渠道求助于我们的人脉网络，可以在短短10天内完成一次关键的招聘，因为我们已经对候选人非常熟悉了。这一战略还让我们建立了一个多元化的领导者渠道，并促成了从 2018 年到 2020 年投资组合公司整体的女性高管聘用人数增加了 50%。我们还能帮助投资组合公司的董事会增加多元化人才。截至 2021 年第二季度末，在我们美国的投资组合公司的董事会中，52% 的独立董事是多元化的。

事实证明，这一引擎的影响是巨大的，尤其是在竞争激烈的人才市场。在 2015 年推出人才银行后，经过短短的三年时间，我们就通过人脉网络满足了整个投资组合公司 30% 的职位需求。仅在 2021 年第一季度，就有 62% 的员工来自我们的人才银行。此外，聘用 CXO 及董事会董事所需时间已由 2014 年的平均 162 天降至 2021 年第一季度的平均不到 80 天。

"我们的流程需要一种催化剂，而人才银行就是这个催化剂。"比尔在我们的采访中说道，"它改变了游戏规则，并成为公司真正的竞争优势。"

我们的合伙人们已经接受了这个过程。比尔说："阿尼什所做的事情，就是在董事总经理（Managing Director）团队中培养一些信徒。在此之前，他们可能会说'看，最困难的部分是找到投资项目、支付合适的价格、设计合理的架构，然后实现退出'。不过我认为我们已经把人才提升到了跟这些要素同等重要的地位。我认为，这是我们为公司带来的附加值中最重要的部分。"

跟我们投资的公司一样，泛大西洋投资本身也是一家增长型公司。在比尔的领导下，公司取得了巨大的增长——管理的资产额从 2007 年的 120 亿美元增加到 2021 年的 650 多亿美元。随着我们视野和兴趣的扩大，他在雅加达、新加坡、北京、上海和墨西哥城开设了办事处，进一步扩大了我们的国际影响力。正如比尔强调的那样，这是一个更宏大目标的一部分，即让公司的业绩超出他的预期，并确保公司在下一任领导者的领导下能够表现得更好。

"我工作的中心焦点，是确保我会尽自己所能让我的董事总经理获得成功。"比尔说，"公司比任何个人都要大。当我接手公司的时候，我的工作是让它变得更好、更强，然后再交给别人。我无时无刻不在考虑接班人的问题。"

重要的是，比尔已经调整了自己的管理策略，以应对快速增长带来的压力。他采取了大胆的措施，采取我们《人才行动手册》的相同基本原则，对我们评估、培养和支持我们泛大西洋投资合伙人的方法进行变革。在比尔的领导下，泛大西洋投资学会了更好地从内部培养人才，同时有效地从外部招募高级人才。

"我们很幸运，有良好的人员招募记录，引入了像阿尼什这样的人，并让他们适应我们的文化，在我们的平台上取得成功。"比尔说，"我们在这方面的能力是独一无二的。现在，我仍然要说，我们管理委员会（management committee）或领导团队的60%是从内部培养的，但有40%来自外部。"

这一观察的背后，是一个关于泛大西洋投资哲学的基本真理。"我们欢迎颠覆，并将变革视为一个强大的盟友。"比尔说。

在公司成立40周年之际，比尔写道："在过去的40年里，公司一直是创业者坚定不移的合作伙伴，帮助他们打造能够改变世界的企业。我们的价值观将继续指导我们的决策：全球化思维和增长导向，专注于创新和创造力。我们仍然致力于支持我们的公司、投资组合公司、资本合伙人以及更广泛的社会：在未来40年甚至更长的时间里，继续奋斗、不断进步，共同应对未来的挑战。"

第 2 章
一位高潜力的 CEO 如何
实现 75 倍的收入增长？

橡树街健康

2015 年的一个早晨，我早早地来到位于康涅狄格州格林尼治的泛大西洋投资办公室参加会议。我是一名新员工，几个月前刚刚加入这家公司，所以我习惯了在办公室里看到陌生的面孔。我是最先到达会议室的，但一位 30 出头的年轻人很快走了进来，并介绍了自己。他叫迈克·皮克斯（Mike Pykosz），是橡树街健康公司（以下简称橡树街）的 CEO，这是一家专注于服务医疗保险患者的初创公司，对于公司的快速增长和全方位护理的业务，他有一份雄心勃勃的计划。他和公司的另一位联合创始人、COO（首席运营官）杰夫·普莱斯（Geoff Price）来这里是探讨一笔潜在的投资合作。

迈克和我握了握手，然后我们各自倒了杯咖啡，开始聊天。迈克很快严肃起来，他说自己很高兴泛大西洋投资能让我来参加这次会议，尽管我在这家公司是一名负责人才战略和领导力的高管，严格地说，我不是一名参与投资交易的人。"我想跟你一起工作。"他说，然后解释说，对他而言，一个至关重要的优先事项是打造公司的管理团队和诊所的业务人才，并提供合适的领导和激励机制。这对于实现橡树街的目标至关重要，即为投资者提供更高的价值，并为老年患者提供卓越的治疗效果。他说他知道在这个关键的战略目标上，需要专业的支持，并渴望得到我的建议。

对于我来说，这是对迈克和橡树街的一次生动的介绍。显然，三位联合创始人聪明能干，他们运营这家公司已经两年多了，并取得了一些不错的成果。但我很快就了解到，他们的从业背景是咨询业，而不是基层运营。他们都来自波士顿咨询集团（Boston Consulting Group，BCG），所以拥有一些非常好的商业经验，但在管理员工或公司方面的实际经验并不多，尤其是在老年人医疗健康这样复杂行业的经验更少。我想更好地了解，他们需要什么支持来实现自己的计划。

泛大西洋投资负责投资交易的合伙人之前已经见过橡树街的几位创始人，我们的一些投资专家也一直在关注橡树街的早期进展。这三位创业者在 2012 年创立了橡树街健康，2013 年在芝加哥北部开设了第一家老年人诊所，并在第二年与泛大西洋投资进行了一些探讨。橡树街团队非常了解医疗健康领域，并且认识到只要能适当扩大业务规模，公司就具有快速扩张的前景。这个团队和他们数据驱动的计划让关注该公司的投资合伙人罗伯特·沃霍夫（Robbert Vorhoff）感到兴奋，他在医疗健康领域拥有丰富的知识和经验。罗伯特一直在研究和分析《患者保护与平价医疗法案》（Affordable Care Act）如何在医疗健康市场创造巨大的机会，他正在寻找有前景的投资项目。

医疗健康公司通常关注付费者（payer）领域或提供者（provider）领域，但不会同时关注两个领域。橡树街正在创立一家创新型公司，对系统的两个方面都进行了改进，显著提高了患者满意度和治疗效果。橡树街计划为参加医疗保险（Medicare）的老年患者以及很多同时参加医疗补助（Medicaid）的老年患者建立一家全国连锁的初级保健诊所。这是一个服务难度很大且往往得不到充分服务的群体，他们的收入通常非常低，存在很多健康方面的问题，其中很多是慢性病患者。该群体中的很多人多年来得不到充分的医疗保健服务。

橡树街的模式提供了全面、卓越的预防保健，便捷的途径，以及可靠的慢性病治疗，从而减少住院的次数和住院时间，并改善了数量庞大且快速增长的老年人口的治疗效果。通过寻求一种方式来协调医疗服务提供商、付费者和患者自身的利益，该公司的战略还实现了一个重要的（尽管长期被忽视）的社会目标，并极大地改善了很多人的生活。

要实现这个项目的发展目标会很艰难，但是这几位创始人组成的可不是普通的团队。罗伯特把他们描述为三位"A级选手"。他们已经认识了一段时间，一起工作过，彼此之间建立了充分的信任和尊重，这有助于他们融合成一支高效的团队，使他们的能力得以倍增。他们都是哈佛大学的毕业生——迈克来自法学院、杰夫来自商学院、格里芬在医学院完成了住院医师的培训。他们善于分析，深刻理解他们所在的市场，并且清楚自己需要学习如何有效地管理这项复杂的业务。即便如此，该公司在全国范围快速扩张的计划很有意思，但尚未得到证实。这就是最初的问题：他们是否有经验来运营他们连锁诊所的模式，并按计划让这个想法实现规模化发展。

罗伯特意识到，一切最终都取决于执行，而且是高度精确的执行。在格林尼治的那次会议上，我听完创始人的项目展示之后，就理解了罗伯特的理性观点，即人才在创造价值方面发挥着至关重要的作用。他们的战略是在美国很多州设立诊所，并为其配备工作人员，按照严格的标准培训员工，保持一致的护理质量，建立严格的控制和合规性，监控所有的程序，并与付费者（保险公司）进行沟通。这需要员工不局限于医疗行业那些略显保守的运营方式，而是要有一个强大的企业文化来激励员工，去实现 CEO 迈克的愿景。

人才方面的专业人士总是考虑经验的重要性。我们会询问求职者或现任高管，他们是否拥有足够的经验，如果他们具备合适的经验，我们如何帮助他们发展或深化这些经验。我们试图展望未来，看看这些领导者是否有经验应对他们可能从未遇到过的挑战。对于橡树街，我们主要关注的是衡量其对规模化发展过程的管理能力。这意味着，不要问团队是否有能力管理一家营收为 1300 万美元的公司（这是公司当时的收入），而要问他们是否有能力管理一家营收为 1 亿美元甚至 5 亿美元的公司。

很明显，迈克从一开始就不只是想从泛大西洋投资获得资本。他希望在医疗健康行业和科技领域获得战略支持，并从我这里获得关于领导者成长方面的建议，以帮助其公司建立灵活的人才基础，设计适当的激励制度，让每个人的目标都与他的愿景保持一致，并确保他们因出色的业绩表现而获得长期的良好报酬。

几位创始人对数据、市场动态及其风险都有着清晰的掌控。他们热情而清晰地介绍了他们的诊所和服务的患者、他们护理模式的优势、支持他们创新的证据以及所需的质量控制和纪律，他们也理解患者的来源是一个要面临的挑战。我们了解到，与传统的初级护理服务商相比，他们诊所的经济模型更好。但他们也承认了一些尚未实现的关键指标，例如，他们仍然使用 Excel 作为一些关键人群的健康管理工具，并且需要为他们自己的跟踪、报告和护理模型流程等开发数字系统。

迈克对公司将提供的护理理念充满信心，他的信念使他的故事更有说服力。在格林尼治的会议开了三个小时，会议结束时，我意识了该公司实现巨大价值倍增的机会，也看到其面临的一些障碍。当我在回顾所掌握的情况时，有几个要点在我的脑海中汇聚起来。迈克展示了出色的分析能力和抓住机遇所需的数据掌控能力。他表现出对信息和知识的真正渴望，并急切地寻求对其领导力的支持。他明智地使用一些手段跟踪关键的运营指标。最初的患者来源是明确的，因为其手术质量和患者的治疗效果，他从美国健康保险巨头哈门那公司（Humana）那里获得了非常好的推荐。

会后，我反思了我们的谈话，以及我是否相信我们可以支持迈克担任 CEO。鉴于他有限的经营经验，我们将赌他的潜力和成长为一名领导者的能力。作为投资流程的一部分，我收集了自己对迈克主要优势的看法，以及我们必须抓住机会的领域,综合了各种数据,我问自己这位高管是否表现出与公司一起成长的能力——在本案例中,这是一家运营密集型且复杂的公司。重要的是,对于可能承担的风险,我们清楚地了解其确切性质,这样我们能够在必要时降低风险。

完成这项工作之后,我跟罗伯特分享了我的评估,总结如下,表明我相信迈克能够按计划成功地实现规模扩张。

过往业绩:尽管作为一名操盘手,迈克还处于职业生涯的早期,但他确实拥有兑现早期预测的业绩,我们通过与公司的多轮交流确定了这一点。此外,迈克和他的联合创始人在波士顿咨询集团时表现都很出色,并在职业生涯的最初阶段展示了进步。

战略思维:我给迈克的战略思维、清晰性和多角度审视问题的能力打了高分。他很争强好胜,渴望找到让公司与众不同的方法,善于分析,并且精通自己所在的市场。但对于公司的业务模型,他似乎还有一些零售和营销方面的东西要学,这直接影响了患者的来源。

学习敏捷性:我赞赏他的自我意识和自我批评的态度,并注意到他的激情应该会推动他渴望学习和成长。迈克公开承认自己需要支持,展现出了大多数最优秀 CEO 都具备的品质。

追求结果： 我注意到迈克雄心勃勃，有很强的成就导向，会设定具有挑战性的目标，会推动他的团队向前发展，同时树立成功的榜样。他还关注用于严格跟踪业务表现的数据和指标。

团队领导力： 迈克正在经历一段陡峭的学习曲线，但他知道吸引高质量人才加入公司的重要性。随着业务的扩张，他将面临如何给团队授权和促进共享解决方案的挑战。此外，他管理变革的能力还将面临考验，要对一个规模更大、更具成长性的组织的社会架构进行变革，并在实际中付诸实施。引入拥有丰富运营经验的高管将会降低风险。

人际影响力： 我发现迈克善于倾听，能够与各种各样的人建立融洽的关系，能够有效地进行沟通，还能够利用这些技能以及他对业务的了解，来寻找影响力并建立合作伙伴关系。

　　总体来说，我的结论是迈克和杰夫无疑给橡树街带来了强大的战略和商业头脑，但他们需要一些能够团队协作、相互补充的运营领导者来实现公司的目标。迈克承认这一点。他从小就热爱篮球，他喜欢说自己从这项运动中学到了，强大的团队精神和互补的技能对于获胜有多么重要。他对自己团队的信任体现在他平等地对待另外两位联合创始人的方式上。

在与迈克共事期间，我们观察到并进一步了解到他反思、质疑自己想法以及考虑替代方案的能力，而不是局限于一种运营模式。他知道，作为一名领导者，他必须不断地在两者之间找到平衡：严格的逻辑和数据驱动与采取更具同理心的方式对待自己的角色，有时他需要通过清晰有力的叙事来说服人们追随他的愿景。当时，该公司的收入约为 1300 万美元，已经从其他一些私募股权投资机构和一群天使投资人那里筹集了资金，那些天使投资人是有资金参与投资的一些医疗健康行业的老手。2015 年 12 月，泛大西洋投资获得了该公司一笔有影响力的少数股权。

这是一个充满希望的开始，但就像投资领域可能发生的其他事情一样，我们很快就遇到了挫折。就在我们完成投资几个月之后，橡树街向我们报告说患者注册数量未达到预期，这是一个让人震惊的情况。注册数是收入的驱动因素，这个缺口引发了对业务模式的潜在质疑，并且可能削弱他们的财务预测。这时公司还处于我们投资后的第一个报告期，因此加重了我们的担忧。他们是否误判了市场？他们的执行力是不是偏弱？

罗伯特要求迈克对问题进行分析，评估到底在哪里出了问题，并规划一条前进的道路。迈克立即投入工作，再次展示了橡树街团队背后智慧的力量。他收集数据并解决了他发现的问题。在其他人可能会指责团队的时候，罗伯特给予了这位年轻的 CEO 很大的信任。迈克说："这份信任让他产生了新的忠诚和承诺，给了他强大的动力，以更好的表现证明他值得这种信任。"

最终，患者注册数量开始上升，橡树街实施了一些旨在满足患者复杂需求的计划。例如，约 40% 的患者符合医疗保险和医疗补助的双重资格，平均年收入不到 21000 美元。不出所料，绝大多数患者都超过了 65 岁。超过 80% 的患者有两种或两种以上的慢性病，如高血压、糖尿病、充血性心力衰竭或慢性阻塞性肺疾病，他们平均服用 7.2 种药物。

最终，橡树街的成功在很大程度上依赖于其临床护理模式，以及以更低的成本提供更好的治疗效果。三位联合创始人关注的一个关键领域，确保他们不断评估和改进其护理模式，为患者带来更好的治疗效果。他们建立了标准化的护理方案，并分发给各诊所和业务实操人员，还打造了一种以提供最佳护理为中心的企业文化，这需要一个强有力的临床人员培训计划，以及招聘和留住表现最优异的员工。

橡树街最初以按服务收费的方式运营诊所，但后来转变为基于风险的模式，在这种模式下，与他们合作的多家保险公司为大多数患者支付统一的费用，并让该公司有机会通过维持低治疗成本的情况下实现盈利。但是，如果治疗成本超出预期，或者因护理质量差或护理不充分导致治疗效果未能达到目标，他们也可能面临亏损的风险。这促使橡树街为那些往往得不到充分医疗服务的人群提供始终如一的高质量预防保健、便捷的获取途径以及快速且反应灵敏的治疗，从而减少紧急情况，并改善整体的健康状况。这种模式对于面临巨大压力、充满不平等的医疗体系是一大福音。橡树街的企业文化中弥漫着这种积极的使命感。

在橡树街健康的业务指标里程碑中，他们已经将患者的住院率减少了一半，将急诊人次也减少了一半，将出院后 30 天的再入院率降低了 35%。在这个过程中，他们打造了出色的患者体验，净推荐值（Net Promoter Score）高达 90%。

要取得成功，橡树街的各个业务部门必须同步运作，以实现协调功能，同时还要进行出色的监控和记录，并应用尖端的技术。最重要的是，这些做法都是必需的，因为随着橡树街的扩张，要增加诊所，招聘和培训新员工，以及增加中层管理人员和高级管理者的压力。应用尖端技术，是实现所有这些目标的关键手段之一。迈克认识到了这一点，因为我们帮助他招募了一位高素质的 CIO（首席信息官）来加强他们的技术能力。

所有的一切都取决于精确执行一项复杂、全面的计划，而有效的执行取决于经验丰富的运营管理团队，这个团队必须能够在遍布美国各州的几十家诊所中复制这种执行力。出现问题和失败是不可避免的，必须迅速和灵活地予以解决，这始终是一个管理上的挑战。随着公司的持续、快速发展，决策对业务的影响会越来越大。这家公司的成长过程非常复杂，需要大量的后台工作，包括为新诊所选址、招聘新员工、提供培训以及灌输成本原则。橡树街的发展十分高效，保持了质量控制和合规性。当所有这些要素都协调一致地工作时，企业价值的增长会极为迅速。不过，同样的道理，失误或糟糕的执行也会迅速产生负面影响。这就是橡树街的 COO 杰夫可以发挥不可或缺作用的地方。

应对这些挑战的正确方法是打造一个可靠的平台，来协助业务的扩张。我们认为，这有时可能会抑制短期增长。在这种情况下，预期不太可能远超实际业绩，增长也更具可持续性。因此，他们享受的增长更加稳定和可预测。此外，由于运营趋向于平稳，因此业绩目标会始终如一地实现，价值倍增的速度会更快。

我们还建议他们围绕 CEO 和其他联合创始人建立一支高素质的高管团队。一位伟大的 CEO 会为领导团队设立高标准，并且打造的团队不是基于公司当前的位置，而是它未来将会去向何方。随着时间的推移，迈克知道他需要引入一位新的 CFO（首席财务官）、一位总法律顾问和一位人力资源主管。在我们的支持下，并部分依靠我们的人才银行，公司引入了三位满足这些职能的高素质领导者，继续帮助公司扩张业务规模。

我们提供支持的最关键的领域之一，是制订有效的激励计划。如果公司的投资者是一家私募股权投资机构，高管的薪酬和激励是必不可少，这样才能确保公司领导层与投资者核心的长期投资目标保持一致，并且在实现承诺的投资回报后获得相应的奖励。

从第一天起，公司就开始减少对年度现金薪酬（即薪资加奖金）的依赖，而是更多地依赖于长期股权激励，这些激励将根据业绩表现在几年内授予。我和我的同事亚历克斯·斯塔尔（Alex Stahl）与橡树街合作，设计了一份结构独特的早期股权激励计划，使得公司在扩大规模的同时能继续利用股权激励，让参与者的股权价值是其现金报酬的许多倍，并与公司实现价值增长的百分比挂钩。这种潜在回报促使高管们不仅为公司的年度或季度目标而努力，还要着眼于更长期的价值创造。让每个人都像公司的股东一样思考，也是私募股权投资者为投资组合公司的高管提供的价值主张的一部分，因为它鼓励为所有利益相关方创造价值。

我们的股权激励计划与 3~5 年时间增加的企业价值挂钩，比如说，将一家公司的年收入由 1 亿美元增加到 5 亿美元或者 10 亿美元。这些计划以业绩表现为导向，实现的估值倍数（相对于初始投资）更高，就有更多的股权兑现。在这种制度下，一名高管的股权变现价值可能是其现金薪酬的 10 倍以上。此外，泛大西洋投资有时会允许领导者在交易中投入自己的资金，这是另一个给高管们提供奖励的机会，可以让他们参与到游戏中来，并提高目标的一致性。这真的可以让公司在成长曲线之前招募到关键的人才。

迈克接受了这种通行的做法，但是要找到一个好的平衡点是一项挑战，他依靠我们来帮助他微调其系统。在公司的早期阶段，尤为重要的一点是要在成长曲线之前吸引合适的人才，同时将薪资和奖金保持在足够低的水平，以免耗尽公司的现金。招募高质量的领导者，通常会要求他们接受低于 50% 的现金报酬，以换取股权的升值。围绕股权激励计划展开清晰的沟通和教育，让候选人理解和认同橡树街的增长故事，从而让他们了解其薪酬方案的潜在价值。迈克的观点是，如果有人不愿意做出这种取舍，那么他可能不适合这家公司。

在橡树街站稳脚跟并高效运营之后，迈克还面临维系这种平衡的困难。有些高等级员工在入职时接受了低于中位数的工资,以换取可能更有价值的长期股权,但他们后来决定离开。其中一些人已经不再是橡树街的员工,但他们希望将股权套现、实现价值增长,或者保留自己的股权。这些股权的授予都附带了兑现条件,当一些想离开的员工意识到自己将失去未兑现的股权时,就引发了情绪上的对抗,尤其是那些觉得自己做出了牺牲的人。迈克和我详细讨论了这个问题,一致认为他应该坚持这个计划背后的原则。

我们的薪酬理念的独特之处是,对于最关键的职位,我们的总体薪酬是市场的最高水平。大多数公司的薪酬理念都是为员工提供市场的平均薪酬,这样可能会吸引到中等水平或普通的人才。我们的信念是,关键职位上效能最优异的人能够推动的价值创造高出普通人数倍,所以我们愿意在需要的时候出大手笔。基于对公司未来发展的预期,我们在增长曲线之前设定股权薪酬的基准。迈克也接受这一理念,而且一直在奖励业绩最优异的橡树街员工。我们协助开发了一项股权"更新"计划,每年奖励业绩出色的员工额外的股权,从而进一步留住顶尖人才。橡树街能够吸引并留住一支出色的团队,通过团队打造了一家有影响力、有价值的公司;反之,团队成员也分享了所创造的价值。

此外,我们还讨论了确定年度现金奖励(奖金)的最佳方式。同样，问题在于平衡。我建议他为高管奖金设定一个可以实现的财务目标，但我也敦促他们不要做得太离谱。设立一个任何人都无法获得的奖金池并不是一个成功的做法，而且会对员工产生负面、消极的影响。目标要切合实际，迈克要对公司实现这些目标的能力充满信心。我鼓励他简化计划，将重点放在业务的几个关键的驱动因素上。我们讨论过为业绩优异的员工提高奖金池的上限，并给业绩最优异的员工发放更多奖金。这样就能提供短期激励，对于留住关键人才至关重要。从长期来看，它还能吸引和支持那些相信自己能让业绩曲线向上弯曲的高管。一项强有力的、平衡的激励计划，也是防范其他公司挖走高管的有效手段。

另一个关键问题是，为公司打造合适的中层管理团队。重点不仅仅是为近期的成功提供强大的能力，还要确保公司有一个领导者的通道，充足的管理能力和领导能力。公司要成功扩张规模，在很大程度上依赖于建立这种能力。

尽管从高质量的商学院或咨询公司聘用顶尖人才的成本可能会更高，但如果这些拥有高技能的中层管理人员将来有机会成长为强大的高层管理者，并辅之以适当的激励，他们将创造出大量价值。这样，随着时间的推移，橡树街就可以在高级职位空缺时从内部进行提拔，并确保高素质人才浸润在公司制度和文化之中。招募和培养高潜力人才成为橡树街的一项战略目标，以提高公司的领导能力，并增加公司对于快速增长的管理带宽。对于一家规模扩张如此迅速的公司来说，提高这种领导能力至关重要。橡树街已经招募了几十名顶级商学院的 MBA 学生加入其领导力计划。

作为一名极具潜力的 CEO，迈克也非常注重自我发展。就其自身的发展以及如何加快发展，我们进行了多次谈话。我们谈到了他需要以长期视角来审视自己的规划和管理，很重要的一点，他要牢记的不是公司现在的状况以及公司在一两年内实现目标可能需要的渐进步骤，而是要颠覆这种视角。这需要定期监控和关注，以确保他明智地运用自己的时间。CEO 的时间是最宝贵的商品，他们需要把精力集中在他们能产生最大影响的地方。迈克还聘请了一位可以给予他指导的教练，他一直在思考公司的未来，以及需要经历怎样的发展才能实现。

这种专注带来了非凡的成果。橡树街的业绩远远超出了泛大西洋投资的预期，公司价值的成倍增长使其成为泛大西洋投资有史以来最好的投资之一。我们的耐心和持续支持也以另一种方式获得了回报，尽管两位创始人在接受投资时相对缺乏经验，但已经成长为伟大的企业领导者，被视为所有创始人都应该向往的基准。

橡树街的下一篇章是为上市公司的身份做好准备。当思考从私有公司转型为上市公司时，应该考虑三个与人才相关的领域：管理团队、董事会和薪酬。作为一家上市公司的 CEO，迈克需要花大量的时间处理上市公司的事务，因此对于迈克来说拥有一个可以填补真空的强大领导团队变得更加重要。通过在增长曲线之前加强团队建设，迈克可以顺利过渡到这个角色。

迈克、罗伯特和团队的其他成员也将设立一个世界级的董事会作为一项首要任务，以支持橡树街的发展，这包括关注董事的多元化和独立性，以及在公司上市之前尽早在董事会之下设立几个专业委员会。关键是要提前考虑公司的未来，并吸引符合这一愿景的董事。在 IPO 之前的几年，橡树街就任命了前总统奥巴马的白宫医疗 IT 特别工作组成员莫希特·考沙尔博士（Dr. Mohit Kaushal）以及哈门那公司零售战略与运营高级副总裁（SVP）卡尔·戴利（Carl Daley）。在 IPO 之前和整个过程中，他们一直在支持董事会，增加的董事包括美国前卫生局局长（Surgeon General）雷吉娜·本杰明博士（Dr. Regina Benjamin）、蓝十字蓝盾协会（Blue Cross Blue Shield Association）CEO 金·凯克（Kim Keck）、呼应绿色公司（Echoing Green）总裁谢丽尔·多西（Cheryl Dorsey）以及健康信息网络 Availity 的创始 CEO 朱莉·克拉普斯坦（Julie Klapstein）。董事会大多数非执行董事都是多元化人士。

最后，该公司会确保将薪酬计划成功地调整为符合上市公司规范的计划，其中包括向年度股权激励的调整，这与本章前面讨论的方法大相径庭。由于预计 IPO 将为高管团队创造巨大的价值，因此制订一项具有强大保持力的新激励计划，并确保管理团队在 IPO 期间和之后保持连续性变得至关重要。我们不希望团队将 IPO 视为终点线。亚历克斯和我分析了公司给每位高管已发行的股份，并基于基准、未授予的股份以及关键程度/岗位业绩制订了一个框架，以确定合适的新激励措施。

2020 年 8 月，该公司成功完成 IPO，并继续为其股东带来丰厚回报。事实证明，我们认为迈克有潜力扩张业务的观点是正确的。迈克不仅将橡树街的收入顺利提高到 1 亿美元，然后是 5 亿美元，橡树街现在的年收入已超过 10 亿美元，拥有 80 多家诊所。过去的 5 年中，该公司创造了超过 130 亿美元的价值，更重要的是，它改变了美国老年护理行业的格局。橡树街让住院患者人数减少了 51%，30 天再入院率降低了 42%，昂贵的急诊人次也减少了 51%。我们确信，这一切仅仅只是开始。

·核心学习内容·

橡树街健康

拉姆·查兰

我本人与这个故事息息相关，因为我曾经是迈克和公司团队的教练。橡树街健康是一家前瞻性的创新公司，是一个绝佳的投资机会，而且它展示了在扩张业务时应该考虑的众多最佳实践做法。

- 这家公司的创始人开发了一种出色的商业模式，为美国不断增长的医疗保险患者提供优质的护理服务。但一个核心问题仍然存在：创始人能否实现增长预期？罗伯特请阿尼什帮助他评估领导团队。阿尼什发现，虽然迈克和杰夫没有丰富的运营经验，但他们是高潜力的运动员。只要对他们的发展进行正确的投资，他们就有能力实现巨额回报。随着人才争夺战的加剧，董事会、CEO 和 CFO 需要更好地识别高潜力的人才，并押注他们未来的成功。

- 创始人在实施自己的计划时，要对潜力加倍下注，该计划旨在从顶级商学院和咨询公司引进高素质人才。他们有先见之明，知道如果一家年收入 1 亿美元的公司需要一定数量强有力的领导者担任关键角色，那么一家年收入 5 亿美元或 10 亿美元的公司，需要领导者的数量是前者的数倍。虽然前期成本高昂,但该计划绝对物有所值。通过为这些人提供发展机会,橡树街能够从内部培养未来的企业领导者。在竞争日益激烈的招聘环境中,拥有一批可以在内部利用的人才储备能让你在竞争中脱颖而出。

- 阿尼什的工作有一个特别重要的元素,是为领导团队设计合适的激励计划,推动他们在下一波价值创造中勇往直前。这个计划的不同寻常之处在于,高管们用现金薪酬换取股权。这不仅将高管的利益与股东的利益紧密结合在一起,让他们有机会在业绩出色时增加总收入,而且对留住人才也有重大影响。

- 这个计划的另一个独特之处是,阿尼什和他的团队采用了前瞻性的方法来衡量薪酬。他们并没有以其他规模相仿的公司作为标杆,而是将橡树街与规模更大的公司进行比较,橡树街计划在四五年达到这样的规模,使得该公司能够从更大的组织那里吸引人才来担任最关键的角色。这对所有制定人才战略的公司来说都是一条可以学习的经验,领导者应该从公司未来的角度来评估他们拥有的人才和他们需要的人才,而不是公司目前的位置。虽然这种方法的成本更高,但 CEO 需要将其视为一种投资,以强化其扩大规模的意愿。CEO 还需要对自身的发展进行投资,以提高他们领导更高素质专业人士的能力。

第 3 章
为下一阶段的超级增长
配备一位充满活力的 CEO

Depop

有一天，泛大西洋投资的一位合伙人梅利斯·卡娅·阿卡
（Melis Kahya Akar）把头伸进了我的办公室。当时她刚刚参加
完一场投资决策委员会的会议，在会上她介绍了名为 Depop 的
一个投资机会，这是一个专注于 Z 世代时尚转售的电子商务平
台，她的兴奋之情溢于言表。总部位于伦敦的 Depop 公司正以
惊人的速度增长，并拥有巨大的全球扩张潜力。这是一家一流
的公司。梅利斯问我是否愿意花时间跟 CEO 一起合作，帮助
她制定一个有效的领导力和组织发展战略，以推进该公司积极
的规模化扩张进程。

梅利斯非常了解这家公司，了解它如何通过为市场里的买

方和卖方提供支持，巧妙地颠覆了快时尚和点对点电子商务（peer-to-peer e-commerce）行业。她跟踪这家公司已经有一年多的时间。对于她来说，Depop 的非凡潜力是显而易见的。

Depop 于 2011 年上线，在最受欢迎但又最难捉摸的消费群体 Z 世代中获得了爆炸式的人气。客户喜欢这个网站，不仅仅是为了购买和销售"以前喜欢的"服装，还把它当作是一个社区网站，在这里他们可以表达自己的时尚感觉，实时了解新兴的时尚风格，并成为潮流的引领者。Depop 强调时尚产品的回收、呼吁可持续发展和绿色文化的风气，这一点很受 Z 世代的欢迎。其吸引力有多大？英国 16 ~ 24 岁的年轻人中，有 1/3 下载过这款应用程序，而且它的用户留存率在同类产品中是最高的。

2019 年，Depop 公司的 CEO 玛丽亚·拉加（Maria Raga）在接受报纸采访时这样描述这款应用程序的用户："他们正处于人生的关键时期，正在为自己寻找未来想做的事情，我们希望给他们一个机会，在他们人生的这段旅程中给予他们支持。"

这句话同样适用于 Depop 本身及其超高速增长的旅程。我面临的核心问题是，管理团队是否有能力在未来四年内实现战略目标。我们不仅预计业务规模将是目前的很多倍，而且预计随着公司扩张其在美国的业务，并在世界各地开辟新市场，该业务的复杂性将会急剧增加。

交易完成后不久，我和同事林赛·贝德（Lindsay Bedard）在伦敦与 Depop 的管理团队待了三天。我们的方法通常是先跟 CEO 和领导团队的每位成员进行一对一的访谈。这些访谈通常会持续三四天，这会让我们有机会沉浸在业务之中。我们通常在访谈中记录大约 200 页的笔记。在这些访谈结束之后，我们还需要 10 ~ 14 天的时间来汇总我们的发现，并制订一个行动计划，再与泛大西洋投资的投资交易团队、CEO 和董事会（视情况而定）分享。总体目标是帮助他们建立一支领导团队，使得企业的总体价值能够实现倍数级的增长，如四年增长 2.5 倍以上。

在此行之前，我们与梅利斯紧密合作，利用该领域专家 ghSMART 开发的框架为公司起草了一份衡量和比较关键特征的记分卡。这份记分卡成为我们与团队访谈的基础。

当我们第一次踏进 Depop 公司的办公室时，迎接我们的是充满活力、开放式布局的工作场景，然后我们被带到一间玻璃会议室。在等待会议开始的时候，我们悄悄地观察了办公室的环境，立即发现玛丽亚在办公室里跑来跑去，与不同层级的团队成员进行交流和头脑风暴。有很多员工选择不使用自己的专用办公桌，而是在办公室的某个角落里与同事挤在一起。空气中弥漫着能量的气息，办公室里充满了活跃和兴奋的气氛。

在现场的整个过程中，我们与玛丽亚进行了多次会谈。在此期间，我们了解了她作为 Depop 公司 CEO 的职业履历和经历，以及业务上的关键战略重点、潜在的挑战和她对管理团队每位成员的期望。我们还花时间与她的管理团队的 10 位成员进行了交流，以了解他们的经验和成就，并获取与领导团队其他成员相关的机密反馈信息。访谈结束后，林赛和我直接去吃晚饭，开始研究我们的发现，我们在返回纽约的飞机上继续研究。在接下来的 10 天里，我们对市场业务部门的其他领导者进行了访谈，并与团队访谈的结果汇总成了一份 30 页的战略演示材料，然后跟玛丽亚和梅利斯分享、讨论。

当我们与玛丽亚重新坐下来时，很明显，她渴望与我们重新建立联系，并倾听我们的发现。在两个小时的会议上，我们向她详细介绍了我们的观察结果和支撑数据。虽然我们的工作旨在发挥建设性作用，但重要的是我们首先必须认识到，玛丽亚和整个 Depop 的团队打造了一种创新的产品和模式，并且公司有很多需要保留的优势。

从踏进 Depop 办公室的那一刻起，我们就感受到了创业、创新和年轻的文化。在访谈中，我们可以明显感受到员工对公

司的品牌充满热情，并为自己的工作感到非常自豪。员工调查
显示，整个公司员工的投入程度都很高，平均参与率超过
80%。此外，Depop 已经掌握了通过创意活动和合作伙伴关系
来吸引 Z 世代用户群的方法，这种方法的效果太好了，以至于
公司在付费营销方面投入的资金非常有限。这些活动包括在英
国塞尔弗里奇百货公司的一次非常成功的快闪店（pop–up
store）和在美国的一场现场活动。这种快速、有机的增长在消
费类科技公司中很少见，而且通常难以复制。

1. 实现关键财务目标
• 到 2025 年，每年实现（>××%）的收入增长且维持高利润率 • 收入：从 2020 年的（××万美元）增长到 2025 年的（××万美元） • 毛利率：由 2020 年的（××%）提高到 2025 年的（××%） • 调整后的 EBITDA 率从 2020 年的（××%）提高到 2025 年的（××%）
2. 制定及执行扩张战略（地理位置和服务范围）
• 扩大在美国的业务。到 2025 年，美国市场将贡献总收入的（××%）
3. 建立和管理一支高效能的团队，打造高效能的企业文化
• 建立一支高效能的团队，由 <90% 的 A 级选手组成 • 培养基于所有权和问责制的高效能企业文化

除了与客户建立紧密的联系之外，该公司还开发了一种管
理卖家社区（seller community）的好方法，其中包括与运输、
支付和身份验证相关的辅助支持服务。Depop 已经开发出了一
项可持续的业务，能够有效地平衡供需关系，并拥有一个快速
增长、热情高涨的用户群体，这些对于任何双边市场来说都是

至关重要的。

领导团队一致支持玛丽亚担任公司 CEO。她充满激情、平易近人、热情待人、鼓舞人心。她的管理团队中有很多人告诉我们，他们加入这家公司的主要原因是玛丽亚。通常情况下，我们在会谈的第一部分（听取利益相关方的汇报时，约占会议时间的 30%）重点关注 CEO 的优势和潜在发展的领域。即使是经验最丰富、最成功的 CEO 也有成长和改进的空间，我们鼓励投资组合公司的 CEO 坚持不懈地追求持续的发展。

玛丽亚来自西班牙，曾在多个国家生活和工作过，这让她拥有很强的全球视野，使其既能够接触到成熟的商业环境，又能接触到创业的环境。在欧洲工商管理学院（INSEAD）获得 MBA 学位之前，她在贝恩公司（Bain & Co.）工作了五年，后来加入了 Groupon，并在那里帮助公司拓展日韩业务。她于 2014 年加入 Depop，担任运营副总裁。2016 年，在一段动荡的时期，她被任命为 Depop 的 CEO，她的团队成员认为，是她恢复了公司的秩序，改善了受损的士气。

事实上，玛丽亚行动迅速。在被任命为 CEO 后的几天内，她请回了 Depop 的创始人西蒙·贝克曼（Simon Beckerman）。西蒙是 Depop 品牌的设计师，并塑造了其社区驱动的社交体验。玛丽亚认为，更新这些功能对 Depop 的未来至关重要。这一举措引起了争议，但玛丽亚相信，让西蒙回来能通过创业的初心给员工注入新的活力。她感觉到，Depop 的领导层一直各自为政，缺乏统一的共同目标，而西蒙可以帮助制造出将他们团结在一起的黏合剂，同时明确并专注于公司的认同感。她很果断，将 Depop 重新带回到了高速发展的轨道，激励了她的领导团队，并激发了她的用户社区（主要是英国用户）的热情。

这是一段很有说服力的履历，但我们的投资交易是建立在快速扩张规模基础上的，这将增加玛丽亚和她的团队所面临的挑战，尤其是在他们寻求新市场的时候。我们的分析，是规划这条道路的关键一步。

我们明确了业务扩张的三个主要障碍。第一，虽然领导团队非常适合如今的业务规模，但相对于业务在短时间内需要达到的目标来说，团队还略显不足。几个关键职位的领导者缺乏团队管理和运营经验。这是重新定义和提升公司关键高管职位和业绩标准的大好时机。第二，最近实施的组织重新设计并没有有效解决一项重大的野心目标——在美国扩张。第三，几个关键流程和系统开发尚不充分，优先事项频繁变化。

组织设计的见解

- 优化 CEO/创始人的优势，确保组织结构让 CEO 可以专注于最关键和影响最大的领域。

- 随着公司规模的扩大，将职能聚合点推向组织的更深处是有价值的。要做到这一点，公司必须首先建立领导力深度、职能卓越以及强大的流程和系统。Facebook 和亚马逊就是两个这样的例子，它们的功能聚合点位于 CEO 以下超过两层。

- 职能组织结构通常是高效的，并支持职能水平的发展，但是它们会给跨界合作制造障碍。

- 组织结构本身不会创造成功。管理团队必须考虑和加强治理及文化要素，即使最好的"硬件"也需要合适的"软件"。

我们向玛丽亚展示了她的优势，并给她团队中的每位成员提出了发展的建议。值得称道的是，她成功地培养了一批高潜力的领导者，其中很多人和玛丽亚一样，都是在咨询行业成长起来的，他们展现出了强大的战略洞察力和令人印象深刻的聪明才智。尽管如此，当时几乎没有人具备管理 Depop 已经达到的这种规模的全球业务的经验，而且我们觉得，随着 Depop 变得越来越大、越来越复杂，他们的能力会捉襟见肘。此外，玛丽亚的团队中有几个关键职位空缺。还有更多的工作要做。

此时，玛丽亚也在积极寻找 CTO（首席技术官）和 CPO（首席产品官）。她瞄准了 CTO 的最终人选，但尽管已经努力了几个月，CPO 的候选人渠道并不乐观。此外，她还需要引入一位高水平的 CFO，这个人必须经历过业务规模扩张的流程，并且能成为玛丽亚的战略合伙人。当时，财务部由一位高潜力的领导者负责，但她同时还在管理运营部。这不是合适的做法。虽然这个人非常聪明，但精力不够应付跨部门的工作。我们觉得，让她在一位高水平、更有经验并且工作职责更为清晰的财务领导手下工作会更妥当。

在与玛丽亚的会谈中，我们讨论了招募新 CFO 合适的时间表，并最终同意立即开始物色人选。根据我们与增长型公司打交道的经验，我们发现，在填补这类关键职位时，快速而坚定的行动所带来的好处，远远超过了工作升级所带来的潜在干扰。当审视财务部职能的现状时，我们发现财务部很明显没有为公司提供足够的服务，迅速引进一位具有战略头脑的 CFO 将会让玛丽亚从中受益。

其他的关键人员需求中，包括一位新的效果营销（performance marketing）专家。Depop 成功地通过口碑传播扩大了用户群，但公司需要构建更强大的效果营销力量，来支持品牌的发展和业务地域的扩张。他们需要一名可靠的效果营销领导者与当前的 CMO（首席营销官）合作，后者在品牌和创意领域非常出色。最后，公司的美国总经理最近因为个人原因回到了英国，这意味着在最重要的市场上，Depop 没有一位专门的领导者。

为了让新注入的人才发挥最大效用，我们与玛丽亚密切合作，一方面评估了她的组织设计，另一方面试图基于职能和地理位置，设计一个长期的组织结构，这将有助于促进责任制，并能更多地关注美国市场。我们研究了几种组织结构，并与其他公司的领导者进行交流，以帮助我们更好地思考和提出建议。

我们的协作和分析最终完成了我们认为合适的组织设计，然后开始着手制订实施计划。我们认为，玛丽亚向她的团队进行清晰、精心策划的沟通，对于顺利展开实施至关重要，其中有一部分原因是在泛大西洋投资之前，她在上一次试图实施重组时遇到了困难。在我们的支持下，玛丽亚将提议的调整方案传达给了各位领导者，然后召集领导团队进行协作讨论，为每位领导者提供一个机会发表意见、提供反馈以及获得各自新角色和责任相关的更多详细信息。清晰和明确是非常重要的，这样每个人都可以了解对其职位的期望以及衡量他们业绩的指标。

		执行	
	第一阶段：规划	第二阶段：研讨会	第三阶段：采纳
结果	在最佳组织结构和关键人员配置决策上保持一致	在整个企业中明确定义职能、责任和衡量标准，领导者明确其个人和共同的责任	成功的采纳、参与及绩效
关键步骤	1. 确定组织结构设计 2. 起草关键职位的 RAM（角色、责任和衡量标准） 3. 利用人才来填补新的关键职能，并确定缺乏必要能力的关键职能 4. 通过各位领导者职能的变化 1）传达任命情况和新职能 2）为领导者提供在研讨会期间向其同级小组陈述的格式	召集领导团队进行协作讨论 日程包括： 1. 针对任命、职能、责任、资源/能力需求和跨职能支持领域（扩展和预期的）的个人陈述 2. 对以下内容进行小组讨论： －个人及共同责任 －节点 －治理 －运营节奏 －决策权及授权计划 －期望的领导标识	1. 在组织中更深层次的级联组织变革： 1）领导者为他们各自的组织重新划分角色（RAM） 2）领导者将变革传达给组织中更深层的个人 2. 确保设置并维护了组织支持因素： －运营节奏 －业绩管理 －人才管理 －激励 3. 衡量成功和参与度：建议每年进行一次参与调查，以评估组织的当前状态并为组织把脉

（续）

	执行		
	第一阶段：规划	第二阶段：研讨会	第三阶段：采纳
任务 责任人	• CEO确定最终计划及通知各位领导者 • 泛大西洋公司在确定最终设计、决定职能及关键人员招募方面给予CEO支持（步骤、过渡及沟通） • HR协助起草RAM • 高管团队成员为研讨会准备陈述材料	• 泛大西洋公司协助CEO确定研讨会日程 • CEO主持及协调 • HR协助项目管理 • 高管团队成员陈述	• 高管团队成员负责起草各自组织的RAM，以及沟通变革情况（HR和CEO支持） • HR领导业绩管理、积分卡评分以及激励 • HR协助项目管理

通过这一步一步的流程对新的组织结构进行沟通之后，我们又重新开始寻找 CFO 和 CPO 职位的人选。幸运的是，我们一直在评估的 CTO 最终人选确定下来了，玛丽亚在几周内就发出了录用通知。对于绩效营销职位，我们和玛丽亚决定首先从泛大西洋投资的人才银行（我们经过审查的高管储备库）中寻找候选人。我们有一个由前途光明的数字营销高管组成的强大人才网络可供选择。

为了完成招募新 CFO 和 CPO 的棘手任务，我们向经验丰富的猎头公司寻求帮助。我们知道，要在短时间内招募这样的新员工需要做多少工作，我们也知道，招募到合适的人至关重要。我们与玛丽亚紧密合作，为这两个职位建立了记分卡，这样我们对候选人进行比较就有了可靠的数据。我们与猎头公司罗盛咨询公司（Russell Reynolds Associates）合作寻找 CFO，并与 True Search 猎头公司合作寻找 CPO。

在与罗盛咨询公司最初的交流中，我们强调了吸引一名高素质、有战略头脑的 CFO 的重要性，让其在 Depop 公司面临扩张压力时，承担起作为玛丽亚强大财务合伙人的关键角色。第一批候选人不符合我们的标准，显而易见的是，这家猎头公司正在根据 Depop 目前的规模，而不是未来几年预期大得多的规模，来调整候选人的类型。通过与猎头公司讨论我们的顾虑和需求，猎头的工作很快就步入了一个更好的轨道上。几天之内，一位更资深的罗盛咨询顾问被请来监督这个过程。

在接下来的几个月里，我们给予玛丽亚支持，我们参加了猎头进展的电话会议，并为这两个职位的所有候选人提供了深入的两小时的评估。这样一来，玛丽亚不仅可以面试顶尖的候选人，还可以与他们建立融洽的关系，让候选人对Depop及其业务感到兴奋。四个月后，我们自信地确定了最终候选人，并迅速采取行动进行了广泛的调查核实工作，然后准备了一份极具吸引力的录用通知，最后与我们主要的候选人达成了交易。

CPO的职位是高级副总裁级别的，我们与 True Search 猎头公司重新启动了合作，这家公司在美国（主要业务重点）和英国都有深厚的人脉关系网络。不到四个月，我们招募到一名来自猫途鹰（TripAdvisor）的产品负责人，尽管他在美国工作，但愿意搬到 Depop 的伦敦总部。为了增强产品开发方面额外的实力，我们还帮助玛丽亚从泛大西洋投资的人才银行中挑选了一位经验丰富的产品高管，并任命其为董事会成员。在此任命之后，董事会在 2021 年年初又任命了一名女性独立董事，从而将董事会的女性比例提升到 50%。

数字营销（digital marketing）是另一个关键领域，需要新思维来支持 Depop 的增长。Depop 最初受到欢迎的一个最积极的特征，是它的名声是通过有机方式传播的，主要是口碑相传。该公司的营销支出并不多，主要用于提高品牌知名度，而不是获取用户。现在 Depop 正在美国寻求大规模的扩张，因此更需要建立增长营销（growth marketing）方面的能力。在评估营销领导者时，我们通常会发现他们往往倾向于品牌/创意或者效果/增长营销。虽然两者都属于营销的范畴，但它们需要完全不同的技能组合，而且找到一位在这两方面都很精通的领导者通常很有挑战性。有时你会发现一位营销领导者实际上是以品牌营销为"主"，以效果营销为"辅"，或者反之。对于 Depop 而言，玛丽亚最近从谷歌招聘了一名强大的品牌/创意营销人员，他是第一个承认增长营销不是自己的专长，并且需要这方面支持的人。

从组织结构来说，我们建议玛丽亚考虑将品牌和效果营销分开，并招募一位效果营销领导者与 CMO 并列。我们担心，如果这个人的资历较浅，并且在领导层没有一席之地，我们将无法吸引到同样优秀的人才。我们还决定瞄准"数字原住民"，而不是"数字移民"。也就是说，我们将在各种数字渠道中寻找具有深刻分析敏锐度和专业知识的年轻候选人，即使这意味着找到的人专业经验比较欠缺。我们与玛丽亚讨论了这种方法，然后开始从我们的人脉网络中识别候选人并推荐给玛丽亚。幸运的是，我们找到了一位非常有能力，并且以数据为导向的营销领导者。

整个人才队伍的建设过程非常耗时，但却是值得的。在八个月内，Depop 显著加强了领导团队，并根据业务战略调整了组织结构，使其能够在 2020 年疫情期间实现蓬勃发展。疫情给很多商业领域留下一片废墟，如酒店业、航空业、零售业和娱乐业。但是，由于人们基本上被限制在家里，一些电子商务企业却实现了蓬勃发展。Depop 就是其中之一。

2020 年，Depop 的收入和基础的业务指标都出现了显著的提升。在疫情封控期间，一些关键市场也实现持续的增长，即便是在刺激支付计划结束之后也是如此。2020 年，Depop 的商品销售额增长为 6.5 亿美元，收入达到 7000 万美元，两者的同比增长均超过 100%。美国市场占总 GMV（Gross Merchandise Volume）的比例已经从玛丽亚接手 Depop 时的 15%、泛大西洋投资时的 30%，增长到现在的 40%，并有望在 2021 年超过英国的 GMV。2021 年 6 月 2 日，在我们初始投资两年后，Depop 就以 16 亿美元的价格被 Etsy 收购，这让泛大西洋投资和我们背后的投资者获得了超过 5 倍的回报。

·核心学习内容·

Depop

拉姆·查兰

Depop 的案例带我们深入了解了阿尼什和他的团队在制定人才战略时遵循的流程，以及他们以超过 90% 的准确率招募人才的方法。招募到能够帮助公司实现指数级增长的人才是一项罕见的技能，可以创造巨大价值。

- 阿尼什和林赛让自己融入管理团队，并领导了一个深入的过程，来评估公司是否做好了实现增长目标的准备。他们的流程类似于我们的投资专业人士在进行尽职调查时所遵循的严格程序。了解公司的组织结构和领导能力是让企业实现规模化发展的第一步。

- 这一章揭示了大多数高增长公司所面临的一个共同挑战——打造一个领导团队和组织，能够在规模化扩张的过程中具备扩张的能力。阿尼什的方法的基础就是在增长曲线之前招募人才。当泛大西洋投资最初投资 Depop 时，其收入还微不足道。比如，在寻找 CFO 的初始阶段，猎头公司推荐的候选人都具备处理公司当前规模的能力。而阿尼什支持 CEO 提高 CFO 的领导力标准，他们共同致力于寻找一位能力更强的 CFO，能够应对公司未来 4~5 年可能达到的规模。

- Depop 的故事展示了快速行动的好处和价值，以及强有力的领导力对价值创造的影响。泛大西洋投资的目标，是在完成交易后的前六个月内为投资组合公司组建一支合适的团队，与此目标一致，阿尼什和林赛帮助 Depop 建立了一支适合扩张的领导团队。为了做到这一点，他们立即投入到工作之中，甚至在交易完成之前就启动了这个流程。泛大西洋投资的投资一旦交割，阿尼什和林赛就飞往伦敦，与团队成员进行了为期一周的现场交流，并在接下来的两周内与玛丽亚共同制定了人才战略。在听取了人才战略汇报后，猎头工作随即启动，而且通过严格的管理，确保他们能够迅速找到合适的候选人。

第 4 章
敢于冒险的领导者
让企业浴火重生

Vishal Retail

当我们第一次从一家银行那里听说有机会投资印度连锁超市 Vishal Retail（以下简称 Vishal）时，这也许并不是一个好兆头。这家拥有 150 家左右门店的连锁超市陷入了混乱——债务负担沉重，被拖欠货款的供应商纷纷闹事，销售也在崩溃。当时是 2009 年，如果没有新的投资者介入，Vishal 就面临破产清算的结局。该公司的贷款人在绝望地寻找救援。

我当时刚刚加入私募股权投资机构 TPG，在中国香港的办公室工作，我们的亚洲投资合伙人决定去看一看这个项目。他们对 Vishal 进行了调查，发现这家公司几乎在每个层面都崩溃了。除了损失了大量现金，由创始人拉姆·钱德拉·阿加瓦尔

（Ram Chandra Agarwal）及其家族成员组成的管理层也无法经营如此规模及如此复杂的公司。门店的房东们拿不到租金，威胁要把他们赶出去。这些门店本身已经破败不堪，很多都位于小城镇，其商品陈旧、设备破败肮脏、员工缺乏培训且工资也低。我第一次去公司位于新德里的总部，是受邀对公司进行评估，当时最难忘的一幕是看到老鼠在地板上跑来跑去。

撇开啮齿类动物不谈，这些混乱的元素很有趣，可能很有希望。虽然这家公司正处于悬崖边缘，但如果一些紧迫问题能得以解决，也许最重要的一点是领导力，它也有可能成为一笔重大的突破性投资。如果我们想要有任何重振公司的机会，并实现投资价值的倍增，面临的第一个挑战始就是寻找一位新的CEO，并且需要在极端困难的情况下建立一支完整的领导团队，包括几十名高管。但是，如果一家公司面临这么多的问题，有哪位有才华的高管愿意加入呢？即使建立了一支优秀的团队，也不能保证成功。因为还需要持续的支持、指导和必不可少的人力资本的开发，发挥CHRO的全部能力。

在听说Vishal之前，由TPG的印度负责人普尼特·巴蒂亚（Puneet Bhatia）领导的投资合伙人们一直在关注相对不发达的印度零售业。他们认为，潜在的宏观因素可以支撑一个好的机会。简而言之，基本策略就是控制一家可以生存的连锁超市，引进世界一流的管理和零售专业知识，以实现规模化经营和价值突破。这是一个大胆的设想，基于对印度经济增长的令人信服的评估。

在当时的印度，现实的情况是零售业几乎全部是本地化的企业，包括成千上万的夫妻店。尽管规模化和快速增长能带来高效率，但连锁店在全国零售市场中的份额很小。事实上，当时印度根本没有能实现盈利的全国性连锁超市。这个行业非常年轻且不够发达，以至于当时新生的连锁店普遍都无利可图，也缺乏较发达经济体中那种老练的零售商。TPG 的合伙人认为，引进国际顶尖人才，你就可以开始扭转这种局面。

印度正在迅速发生变化。经济正在走向现代化，因此中低收入阶层不断壮大，购买力增强。我们确信，发展连锁超市的时机已经成熟，类似沃尔玛或塔吉特百货（Target）这样的模式。拥有 150 家左右门店的 Vishal 似乎是一个很有吸引力的平台，可以开始朝着这种模式努力并扩大规模。尽管存在很多问题，但它也有一些积极的特征。它已经在大多数中低收入客户中建立了强大的品牌认知度，这一点是可以加以利用的。它的成本相对较低，其产品组合带来的利润比其他很多大型超市更高。如果我们能稳定住公司持续下滑的财务状况，抵挡尚未得到偿还的贷款人，并注入合适的领导层，这个时机似乎非常好。

私募股权投资总是严重依赖于寻找创新、训练有素的人才，但这个机会需要钢铁般的创造性领导，要了解印度的消费者和印度的法规，并精通现代零售和营销。我们还需要一位领导者，能同时赢得 TPG 投资决策委员会的认可和向 Vishal 提供贷款的印度银行的认可。最重要的是，这个人必须在连锁店扩张之前，有能力管理公司的大规模重振，否则这将是一场金融灾难，让普尼特和我难堪，尤其是让 TPG 难堪。

投资的一个关键点是 Vishal 的商业模式——关注中低收入消费者，他们占印度人口的绝大多数。印度一些较新的零售连锁店采取的策略是面向更富裕的客户，但这意味着在更昂贵的社区支付更高的门店租金，而且不得不为更小的客户群体准备更昂贵的库存。Vishal 受益于较低的租金，因为它把门店开在客户居住的地方。这是一个大胆的策略，但风险也很高。普尼特试图让这家处于低谷的创业公司浴火重生，并把它变成一种在印度还根本不存在的零售连锁。

经过仔细评估，普尼特和他的合伙人有强烈的信念能够稳定 Vishal 的前景，并且通过注入合适的领导层来策划公司的重生。他们在明确交易目标和支持性分析之后，就把这个项目带到了 TPG 的投资决策委员会，将他们的激情给大家进行了分享。

投资决策委员会仅用了 10 分钟的时间来考虑这个项目，

并迅速予以拒绝，没有留下任何重新考虑的余地。我们感到震惊，但或许本不该如此。

不仅因为 Vishal 陷入了自由落体的状态并卷入了诉讼，不仅因为该公司涉足了一个在印度并不发达的行业，也不仅因为印度在零售企业外资所有权方面的严格规定使任何可能的交易变得复杂，而且在印度国内显然也找不到有经验的领导者来执掌这家公司。

普尼特和 TPG 的另一位合伙人阿莫尔·贾恩（Amol Jain）并未气馁，他们找到我，问我能否评估一下这家公司及其领导力的需求，看我能不能打造一支强大的领导团队，引领这个想法付诸实践。我刚到 TPG 才几个月时间，但普尼特坚信人才在任何的企业重振中都将发挥重要作用。这既是一个机会，又是一个巨大的挑战，这也许是当时我职业生涯中风险最大的挑战，而这在一定程度上取决于我与普尼特建立的伙伴关系的强度。我们必须要一起翻过几座大山，而不是一座，我们会面临一段艰难的旅程。

我在 TPG 工作的时间这么短，一直都没有多少机会与普尼特建立关系。我答应他的请求后不久就去找他，开始讨论合作的方式，但他繁忙的日程让这变得很困难。当我们终于约好了一起吃午餐时，他带了几名同事，然后匆匆离去，几乎没给我留下什么时间去了解他。后来，当我们开始讨论我如何才能给 Vishal 提供帮助时，我们清楚地看到，这是一项高风险的工作。我的责任不仅仅是评估、识别和招募高质量的人才，还要赢得普尼特对我交付能力的信任。我们有一个共同的观点，即在很大程度上这笔交易将是人才驱动的。

我迫不及待地想开始工作，而且做好了准备，只是当时没有资金预算去物色我们需要的那种独一无二且有能力的领导者。此外，我们实际上并不持有这家公司的股份，也不能保证我们将来会持有。

我开始意识到 Vishal 是一个巨大的机遇，但在评估如何着手寻找我们急需的人才时，我的态度很现实。最大的障碍之一是，由于印度的零售业管理非常糟糕，成功的全国性连锁企业非常少，因此没有明显可供发掘的人才储备，很难找到 CEO 或领导层其他成员的候选人。我们不仅需要在数据驱动的销售、营销、合规、财务和运营等方面具有必要背景的高管，还需要一个具有钢铁般的意志和技能的人来重振公司——换句话说，就是要一名真正的商业运动选手。

我在印度长大，在那里接受商业和人力资源方面的教育。我最初在百事可乐公司工作，帮助该公司雄心勃勃地扩大在印度的业务，公司提供了极好的培训。在帮助这家公司在三年内

将市场份额从大约 10% 急剧扩大到 40% 的过程中，我发挥了
自己的作用。更重要的是，我创建了一项人才计划，从其他国
家引进经验丰富的高管，帮助管理我们的业务，同时培训有前
途的印度员工，培养出有能力的世界级经理人。在百事可乐的
经历让我更深入地理解，应该如何去挖掘和培养人才，以支持
Vishal 这个潜在的投资项目。

正常情况下，在公司完成项目投资交割之后，我会用几个
月的时间解决这些问题。对于 Vishal，我不得不在公司获得其
股权之前就开始组建团队，以便能通过 TPG 投资决策委员会
的批准。我必须说服普尼特、投资交易团队的其他成员以及投
资决策委员会，让他们相信我们已经有了合适的人选，可以为
投资 Vishal 开绿灯。

我试探性的第一步，是说服猎头公司海德斯哲（Heidrick
& Struggles）开始物色 CEO 的候选人，但其中有一点复杂。我
跟他们说，我们手上没有钱，也没有公司，至少现在还没有。
当然，我们已经建立了长期的合作关系，他们也知道我们做过
大量的高管猎头业务，我解释了为什么我们认为这是一个很有
前景的想法。他们将免费提供服务，至少在最初阶段是这样，
但得到了我们的一个承诺，如果成功了，他们将获得补偿。这
是一场赌博，但我最终还是说服了他们接受这项不寻常的任务。

几周之内，他们就带来了一些可行的本地和全球候选人。古兰德·卡普尔（Gunender Kapur）就是其中之一，人称"GK"，他是一位在消费行业拥有丰富经验且才华横溢的高管。他曾在欧洲消费品巨头联合利华的印度子公司 Hindustan Lever 担任高管。

该公司因其出色的管理和管理培训计划而在印度备受尊敬，GK 通过自己的努力获得多个职位上的晋升，并最终进入了执行委员会（executive committee）。对于我来说尤为重要的是，他领导该公司的一个食品部门实现了业务重振，这是担任 Vishal 职位所必备的一项基本技能，而且他领导公司成功地扩大了口腔护理产品业务。他在招聘和打造领导团队方面也有丰富的经验。他是我们需要的那种商业运动选手，拥有广泛的技能和对印度经济的深刻理解。他很果断，并以给自己和团队设立高标准而闻名。

在离开联合利华之后，GK 加入信实零售（Reliance Retail）担任总裁兼 CEO，该公司是印度大型企业集团信实工业有限公司（Reliance Industries Limited）的子公司。这让他在企业增长方面积累了丰富的经验，尤其是超市经营方面的经验。有一段时间，他在印度每天开一家门店。这对我们在 Vishal 的规划也至关重要。总体而言，他在直接零售方面的经验不多，但他在其他方面的能力和经验给我留下了深刻印象。他是一位训练有素的经理人，曾让陷入困境的企业实现重振。我们会把赌注压在他丰富的背景和潜力上，而不是零售行业连续运营者的履历。

此外，他的个性很强。我们第一次见面交流了一个半小时，给我印象特别深刻的是，他看起来脚踏实地、信心十足，这一点与我所看到的其他一些候选人不同，他没有刻意表现得过于优雅，也不装腔作势。他看上去泰然自若、雄心勃勃，是一位天生的领导者。在表现谦逊的同时，他显然也是一个正直的人，并显示出强大的道德水平。我小心翼翼地在不同的场合跟 GK 会面，这样我就能看到他对环境的反应，以及他在不太正式的场合是否放松。这种会面包括从正式面试会议，到早餐会和酒店会议等各种形式。

通常情况下，公司会将与推荐人沟通视为例行公事，只花几分钟时间问一些基本问题。我采取一种不同的做法，每次的推荐电话通常会花 45 分钟或更长的时间，这样我就可以探究和寻找有关高管的更多信息，如在困难情况下的表现、如何建立和领导团队等，并了解他们的性格。GK 的推荐电话非常有说服力，这让我更加坚信，他是我们需要的领导者。

我把跟所有推荐人交流的详细笔记提交给了普尼特，这需要我将 50 页的书面记录汇总成两页的摘要。我想确保他理解我分析的深度及如何评估关键因素，并理解我创建的记分卡，其中展示了候选人之间的对比情况。我抓住机会确保他理解我的方法。

我跟十几位候选人一起经历了这个流程，但越来越明显的是，GK 从中脱颖而出，即便是在行业经验层面上也是如此。我们讨论了 Vishal 的机会，GK 表示有兴趣。我明确表示，这笔投资对他个人来说风险很大。根据我们的战略，他将成为 TPG 的高级顾问，为自己分析这家公司，组建一支领导团队来管理 Vishal，并制订一份商业计划，除非一切顺利，否则他可能永远无法实施。他最初的收入只相当于在 Reliance 工作时的一小部分，但如果 TPG 完成这笔交易，并且 GK 实现了我们期待的估值增长倍数，他的收入就有可能大幅提高，甚至多出数百万美元。

GK 有一个隐藏的重要愿望。他说自己多年来一直有一个梦想，那就是自己创建并领导一家大公司。他有创业精神，想要一种主人翁的感觉。他表示，如果无法获得足够的资金从零开始创造一个机会，那 Vishal 就是一个千载难逢的机会，以这样的规模实现这一愿望，因为他的激励薪酬的主要部分将包括该公司的股权，跟 TPG 一起持有。

我越来越相信，他是我们最好的候选人，但我必须要让很多人满意，所以这个过程很艰难。我们对他面试超过 15 次，包括 TPG 投资决策委员会的成员。与普尼特的会谈对 GK 和我们的关系都是一次特别艰难的考验。但我相信，他非凡的技能、果断的领导风格和高标准正是 Vishal 所需要的。

普尼特承认 GK 有很多优势，但他仍然怀疑我们是否需要在零售和超市方面有更多直接经验的人。他明白，在私募股权投资领域，如果你在领导力和人力资本方面出错，几乎没有什么东西能拯救一笔投资。人才可能会决定你最终是实现价值倍增，还是灰头土脸。我不得不为自己的分析辩护，同时承认我们必须解决这些问题。我确保向普尼特提供大量的信息，说明 GK 与其他主要候选人的对比情况、他在面试中的表现、他的背景的相关性——尤其是让一家公司实现重振并让另一家公司实现规模化扩张——以及他坚强的性格对于帮助公司应对士气低落、员工愤怒和银行焦虑方面的重要性。随着时间的推移，普尼特开始信任我，以及我所实施的流程的全面性。

与此同时，GK 也在寻找与几家 PE 机构合作的机会。在这个过程中，与所有 TPG 同事的互动让他相信，TPG 将是他的最佳合作伙伴。两个月后，我们同意聘用 GK，并开始了更艰巨的工作，即预搭建公司的整个管理架构，这需要在未来几年招募 30 多人。

在我们最终决定对 GK 进行投资之后，还需要获得 TPG 投资决策委员会的批准。这项工作需要在一年的时间里进行 20 多次的陈述演示，其中一些由 GK 来主导，因为他要让投资决策委员会相信，他有很强大的愿景以及实现愿景的能力。当然，这个机会看起来非常明显——但还只是纸上谈兵。对我来说，这意味着提供几十位候选人的最新详细信息，以及我的分析结果。有很多次，我搭乘红眼航班从香港飞往新德里，直接去会议室参加陈述演示，以确保投资决策委员会完全了解我们的情况和我的方法。

第一年快结束时，我们调查了 Vishal 的各个方面，与该公司的贷款银行讨论了可能的交易架构，并制订了运营计划，我们发现 TPG 投资决策委员会虽然一开始非常抗拒，但开始对我们的更新和进展表示赞赏。

但是几个月过去了，我们最大的问题是 Vishal 正在被迅速瓦解。在此前的 16 个月中，收入下降了一半，约为 6000 万美元。为了挽救其贷款，几家银行被迫介入并施加控制，但他们在可能接受的计划上存在激烈的分歧，这增加了不确定性。TPG 的投资决策委员会最终表示，他们担心障碍太多。他们对交易团队所描述的"伟大旅程"表示赞赏，但表示现在或许

是减少损失、继续前行的时候了，不能再浪费时间。试图与
Vishal 完成交易就像是徒手接飞刀：巨大的风险掩盖了潜在的
回报。普尼特和交易团队的其他成员承认存在问题，但他们的
信念一如既往地坚定。他们不断地回到极为强劲的宏观因素上
来，这些因素仍然让这笔投资具有吸引力。

Vishal 保留了同样强有力的要素：该连锁超市专注于低收
入家庭，这是一个庞大的消费群体；门店位于不那么繁华的城
镇和社区，那里的租金和其他成本比大城市低得多；这个品牌
很受欢迎；它是印度第二大连锁超市；该公司的产品结构更偏
重于服装等利润率较高的商品，而不是食品，因此有望实现高
回报和高增长。公司目前如此窘迫的局面，也意味着我们可以
按较大的折扣投资它。GK 的加入强化了我们的论点。

普尼特坚持认为，这笔开创性的交易可能会在印度创造历
史。另一位 TPG 的合伙人卡洛斯·阿基诺（Carlos Aquino）是
一位德高望重的运营专家，他对投资决策委员会的犹豫不决越
来越失望。他认为，由于宏观经济因素非常有利，成功就像
"从床上摔下来一样"。

最后，随着给 Vishal 贷款的银行变得越来越焦虑，我们通
过谈判达成了一项双方都能接受的协议。投资决策委员会转而
认为，随着 Vishal 经营情况的恶化，机不可失，时不再来。他

们之所以选择现在达成交易,是因为我们的信念,以及我们在组建一支由 GK 领导的高质量领导团队方面所做的大量工作。在最初的财务重组达成一致,并且 GK 证明了自己的能力之后,投资决策委员会于 2011 年年初批准了对 Vishal 的复杂投资方案。

即便如此,仍有很多事情需要整合才能顺利完成交易。交易结构必须绕过印度零售业的法规。印度不允许外国公司拥有零售门店的股份,因此我们构建了一个由两部分组成的结构:印度的 Shriram 集团收购了业务零售端的门店,而 TPG 收购了业务的批发部分,包括中央管理部门,这样我们就可以控制公司的整体战略,包括财务、商品销售和营销。通过与多家银行的谈判,我们安排以 40% 的比例偿还贷款,并提供足够的营运资金让 Vishal 重新启动。

关键的一点是支持 GK 挑选和打造的领导团队。这是一个艰苦的过程,以确保团队能够为企业带来世界级的能力。对于每一个空缺的职位,我们都在 GK 的人脉网络、我自己的人才网络、TPG 的人才网络中寻找,或者与推荐人和猎头公司合作,以发掘能够在这种环境中脱颖而出的领导者。当我们完成交易时,在我们的支持下,GK 已经安排好了近 70% 的领导团队。其中包括:

- 服装部门负责人，这是一位特别有才华的零售商。这是一个关键职位，因为服装部门的销售收入约占总收入的 55%。
- 快速发展的消费品部门的负责人，这是一位来自 GK 人脉网络的卓有成就的领导者。
- 人力资源负责人，通过我的人才银行挖掘。
- 财务负责人是一位经验丰富的人，负责接管财务报告和会计工作，他来自 GK 的人脉网络。
- 营销负责人是我们提前确定并签约的，她在交易完成的当天，就辞去了原来的工作，加入 Vishal。

与其他一些大型超市不同，Vishal 最大的销售品类是服装，而其他超市的大部分销售额来自食品和其他快消品。这是促成我们乐观的战略因素之一。快消品的利润率很低，因此与这些门店通常要承受的高租金很不匹配。在 Vishal，大约 25% 的收入来自食品和快消品。服装品类的利润率要高得多，因此它放大了 Vishal 门店较低租金所带来的好处，因为它们地处低收入城镇和社区。

这就是为什么找到一位强有力的候选人来领导服装业务和重建 Vishal 的产品线至关重要。面试了近 20 个人之后，GK 很幸运地找到了一位经验丰富且非常能干的女性来担任这个职务。她住在孟买，为了吸引她搬到新德里，Vishal 不得不增加了一些附加条件。

交易完成后，GK 开始行动，他继续招募人才来充实团队。其中最关键的是一位新 CFO。这是一个挑战。随着时间的推移，第一候选人失去了大家的支持，而下一位最受欢迎的候选人表现出了兴趣，但因为风险而退出。然后，我们确定了一位强有力的人选，当时他在新加坡的 Unza 公司担任 CFO，这是一家消费品公司，隶属于威普罗公司（Wipro）。GK 认识他，并把他介绍给我们。我飞到新加坡，既是为了评估他，又是为了向他推销我们的计划。在三个星期的时间里，我和 GK 与他进行了多次会晤，我们还安排了其他 TPG 的人跟他交流，以确保我们都充分相信他是最合适的人选。

为了让强有力的运营领导者到位，GK 采取了一种新颖的方法。首先，他在印度找到了一位具备合适资历的高管，而且曾与 GK 共事过。我们让他负责半个印度的业务。然后，我们从山姆会员店找到了一位运营经验丰富的高管，这个人也曾与 GK 共事过，让他负责另一半的业务。但为了确保协调，GK 把他们安排在德里的同一间办公室。GK 随后招募了一位来自沃尔玛的 COO，职级在他们之上。

为了从更发达的市场引入强大的高级管理能力，我们还从

自己的人才网络中招募了董事会级的顾问，他们在支持 GK 补
充他的优势方面发挥了重要作用。我们引入了乔纳森·普莱斯
（Jonathan Price），他之前曾在美体小铺（The Body Shop）和
百思买（Best Buy）工作，负责零售业务的运营。我们还通过
我的人脉网络联系了斯蒂夫·约翰森（Steve Johnson），他来
自英国的 Asda 连锁超市和俄罗斯的 Lenta 连锁超市。我们还
引入了马修·鲁贝尔（Matthew Rubel），他是集体品牌公司
（Collective Brands）的前董事长，曾在 TPG 担任顾问。

这是一个充满希望的开始，我们相信正在寻找的是改变业
务所需的人才，并给予了 GK 获得成功和实现愿景所需要的一
切支持。他的路径是基于对印度不断变化的消费者和不断壮大
的中产阶层的几点观察：一个快速现代化的经济不仅造就了拥
有更多可支配收入的中产阶层，互联网革命也在对这些人的品
味和梦想产生重大影响，其中很多人刚刚摆脱贫困。受互联网
上随处可见的西方风格图片的影响，他们对自己想要的生活方
式、衣着打扮产生了新的渴望。

GK 的发展战略是让低收入消费者以他们能承受的价格买
到这些时尚产品。此外，他与供应商密切合作，以确保产品的
质量。配合这种策略，他还制定了自愿和无理由退货的政策。
他意识到，对于一个贫穷的印度消费者来说，购买一件很快就

会破损或者不合身的衣服，可能会带来真正的经济损失，因此他制定了 Vishal 的政策来赢得消费者的忠诚度。

GK 的计划提升了我们对 Vishal 的期望，但无论愿景有多么高远，一旦靴子落地，我们最终还是得面对一个更为黑暗、混乱的环境。即使是最优秀的人才也无法让企业避免遭遇意外的灾难和挑战，而 Vishal 的第一年就出现了一系列这样的问题。

最初在试图掌控连锁店的局面时，GK 迅速行动以减缓现金的流失。他在短短几周内关闭了 150 家门店中的 30 家。我们已经进行了深入分析，确定这些门店的位置不适合公司的战略。GK 计划以后扩大规模，但在开始时，必须要防止那些有望实现盈利的门店出现亏损。GK 还在前 6 个月内更换了约1/3的员工，并在前两年内更换了近90%的员工。

日常事务和我们延续下来的糟糕组织机构在消耗我们。GK 建立了一项临时制度，前 90 天的每一项开支都需要他要亲自审批。这种做法虽然很麻烦，但他认为，这对于让系统恢复秩序以及防止不合适的业务至关重要。然后是我们承接下来的诉讼。鉴于印度分散化的法律体系，GK 需要与律师打交道，并在很多地方不断接到传票。其中大多数来自供应商和销售商，他们几个月甚至几年都拿不到货款，有些人已经厌倦了等待法院采取行动。不止一次，有人带着武装侍卫出现在 Vishal 的办公室，要求付款。局势变得如此危险，以至于我们在主要的办公室里设置了一个隐藏的后门。这样，如果有危险的访客出现，GK 和他的领导层就可以从后门溜出去。

有一次，一位没有拿到货款的供应商设法获得了一张针对 GK、阿摩尔·贾恩和普尼特的不可保释的逮捕令。公司的律师联系了我们，并敦促我们，如果不在印度就暂时不要进入；如果在印度，那就低调行事，不要公开露面。这些都不是私募股权投资机构剧本中常见的状况。我们认为这只是一种恐吓策略，逮捕令是以不正当的方式获得的。我们的律师解除了逮捕令，但这一事件充分说明了 Vishal 所面临的潜在混乱。

遵守当地法规也是一项艰巨的任务。零售商店必须遵守多达 30 项地方法律法规，有些许可证必须每月更新。在以前的管理模式下，这个流程被忽视了。GK 制作了一张表格，列出了公司需要的所有批准和许可，未完成的用红色标出。起初，整个图表几乎都是红色的，但是通过有条不紊的流程，他一个接一个地消除了问题，使得零售商店符合法规要求。

GK 一方面努力寻找解决这些问题的权宜之计，包括与被拖欠款项的门店店主进行漫长的谈判，另一方面采取了一系列战略措施。其中一项关键工作，是想办法处理陈旧的商品，以便用更现代、更优质的产品，特别是服装产品来取而代之。所有的旧商品通常不得不以很大的折扣清仓，只是为了扫清障碍，这是一个非常耗费时间的过程。

第一年，公司几乎每天都在为生存而战，公司几乎每一个业务环节都需要重建，甚至是重新构思。但到了那年年底，公司实现了盈亏平衡，同店销售额普遍上升，很多贷款人开始得到偿还。另外，通过清理旧商品，Vishal 提供了质量更好、更时尚的商品，吸引了更多购物者。

GK 已经对剩余门店的外观进行了清理和升级，并采取了另一项重要措施，让顾客有更好的购物体验：消除了收银台的瓶颈。Vishal 推出了手持移动支付设备，这在当时的印度是一种创新的做法。持有设备的工作人员分散开来，大大提高了支付结算的速度和客户的满意度。

在完成了这些里程碑之后，从第二年开始，GK 在经过充分调研的地点开设新门店，启动了重要的规模扩张。每开一家新店，就意味着创造大约 100 个就业机会，因此进入扩张阶段有助于其提高收入、提高生产率并赢得员工忠诚度。但增长的压力也考验着领导能力，导致一批表现不佳的高管需要被更换掉。

我们引进的一位董事会成员看起来似乎官僚且死板，所以我们决定换掉他。然后又出现了另一个至关重要的人才问题，GK 招募来在服装部门任职的印度女性主管在经过几年卓有成效的工作后，决定离开公司回到她在孟买的家。她对公司业务产生了实实在在的影响，我们渴望引进世界一流的人才来保持发展势头。最终，Vishal 在伦敦找到了一位经验丰富的零售商，然后又从巴黎找到了一位在中国工作的才华横溢的服装业务高管，她为 Vishal 的业务增加了新的复杂性和生产力。她以数据为导向，在这个高利润率的领域不断升级商品。

我作为薪酬委员会负责人加入了 Vishal 的董事会，董事会每季度召开一次会议，但我们建立了与董事会执行委员会举行月度会议的制度，以确保我们能密切监控其业务，并对出现的问题做出快速反应。我花时间与 GK 讨论了他取得的进展，并在这些会议前后提供必要的支持，以确保我理解他面临的挑战，并提供可能有用的资源。我与普尼特协调，让他随时了解情况，获取他的反馈，然后与 GK 分享我们的反馈，以确保他了解董事会的优先事项。我负责每年两次针对 GK 的绩效评估，重点关注的是业务指标、他的需求和成就，以及他来年的目标。每年有一次谈话的内容会涉及他的年度薪酬和激励计划，这对我们的沟通至关重要，并确保我们的流程具有可分析性。

在初始投资之后，TPG 又追加了两笔增长所需的资金，使公司扩张的步伐加快，并创造了强劲的价值增长。随着 Vishal 增加新的门店并提高同店销售额，该公司的生产效率和收入大幅提高。在我们完成初始投资后，公司的 EBITDA 从第四年到第六年增长了一倍多。

到 2018 年，Vishal 已经变成了一家完全不同的公司，已经成为印度增长最快的零售商和全国规模最大的服装零售商。模仿者如雨后春笋般涌现，这反映了 Vishal 超市模式的实力，快速增长和相对较低的成本相结合，强化了品牌，并使企业的价值持续增长。

2018 年底，TPG 决定退出这笔曾经风险很高的投资，他们将股份卖给了一些已经加入进来的投资伙伴。这家公司 2011 年的年收入约为 6000 万美元，现在已经增长到 8 亿美元以上，盈利能力很强，并在全国范围内扩张到 370 家门店。或许同样令人满意的是，该公司直接雇用了 1.3 万多人，间接雇用了 10 万人，这些人来自供应商和经销商，其中很多人是半熟练工人，他们现在的工资要比过去高很多。在打造 Vishal 的领导团队时，我亲自进行了近 200 次访谈。看到我的方法为这一非凡的成功奠定了基础，这是非常值得的。GK 的领导力和远见卓识带来了令人印象深刻的业绩，随着 Vishal 继续其上升的轨迹，他仍然是公司的一名投资人和 CEO，这不仅是一项有价值的投资，也是一项持续的业务和社会的成就。

·核心学习内容·

Vishal Retail

拉姆·查兰

这是一家每个人都准备将其扔进垃圾桶的公司，银行已经放弃了希望。不过，普尼特和投资交易团队的其他成员都相信，有很大的机会从这项业务中创造大量价值。作为交易团队的合作伙伴，阿尼什不会让人才缺失成为放弃交易的理由。

- 在寻找 CEO 的过程中，阿尼什和交易团队意识到，他们不可能把清单上的所有能力都拿到。在印度，不存在拥有丰富零售经验的个人。但是，他们发现 GK 具备着非常出色的业绩记录、对印度消费者的深刻理解，以及令人难以置信的潜力和领导才能。在一个不发达的行业，永远不会有一位候选人满足各个方面的条件，所以他们围绕在 GK 的周围，配置了合适的顾问、董事会成员和关键领导者，以加快公司的扩张。

- 在阿尼什的支持下,GK 知道自己需要建立一支技能与他互补的团队,因此他的重点是从零售行业引入领导者。尽管他们可能没有在印度工作的经验,但 GK 正好具备这个优势。反过来,他们带来了全球零售业的经验,而 GK 当时在这方面是有欠缺的。至关重要的是,在关键岗位上让高潜力的人才与其他能带来互补技能的领导者一起工作。

- 值得注意的是,GK 冒了很大的风险。当时,他在 Reliance 拥有一个很舒适的高级职位,但他渴望能独立领导一家大型企业。他大胆地接受了 TPG 的顾问职位,这最终让他有机会成为 Vishal 的 CEO,并打造印度的第一家大型超市。这对所有领导者来说都是一个可以借鉴的经验。人们很容易陷入公司日常事务的陷阱,但伟大的领导者都有自己的愿望和使命,并以此为动力去追求更好的东西。

- 阿尼什很有创新精神,他甚至在公司投资 Vishal 之前就启动了人才的物色流程。他说服一家猎头公司为他无偿工作,依靠自己在亚洲的人才网络,赢得了投资交易团队的信任。他参与了数百次详细的访谈,并留下了无数的笔记,最终在投资获得批准和最终确定之前,安排了一位能力出众的高管出任公司的 CEO。他与交易团队和 GK 合作,打造了一支强大的团队。最终,他的坚持得到了回报,让 TPG 和 Vishal 实现了令人难以置信的成功。

第 5 章
以人才与合作为先，
推动价值创造

亚历克斯·戈尔斯基，强生公司董事长兼 CEO

2012 年 4 月，亚历克斯·戈尔斯基（Alex Gorsky）接任令人敬重的强生公司 CEO 职位，他在医药行业积累了多年经验，拥有令人印象深刻的业绩记录。他给公司注入了新的活力，对创新与合作做出了强有力的承诺，这位毕业于西点军校的退伍老兵因此而改变了公司，使公司变成像他所说的那样，一家"拥有 135 年历史的初创公司"。

他打破了旧的条条框框，在管理人员中营造出一种创业精神和股权意识，通过拥抱公司内、外部有前途的研究思路来开启这种文化，并激励领导层广泛考虑整个企业，而不是任何一个单独部门。他证明了，即使是一家超大型的老牌企业，也可以注入创业精神，像一家灵活的新公司一样创造价值。尽管像一头大象跳舞，但结果能说明一切。

自从亚历克斯接任以来，强生公司的市值增长了近 3000 亿美元，回报率约为 150%，是大型制药公司指数业绩的 3 倍。[⊖]简而言之，他创造的价值增长倍数，很像一家股权投资机构支持的高成长公司。

正如亚历克斯在一次谈话中解释的那样，他多年来取得成功的一个关键，在于他如何重新定义和监督人才在公司的角色，并培养责任感和协作精神。他说，这需要一种新型的领导者。他重新编写了公司的《人才行动手册》，以便更好地适应不断变化的世界以及瞬息万变、竞争激烈的市场。

他有哪些不同的做法？

他带领自己的领导团队走出了传统的、各自为政的局面，并鼓励高管们以更加整合的方式思考关键职能的交叉，而不是彼此孤立。因此，强生公司的科学家会更多地考虑产品的商业化，而商业化的领导者被敦促要更多地了解药物和设备背后的

⊖ 根据 S&P Capital IQ 的数据。基于 2012 年 4 月 26 日至 2021 年 2 月 26 日诺华（Novartis）、罗氏（Roche）、葛兰素史克（GlaxoSmithKline）、默克（Merck）、辉瑞（Pfizer）和百时美施贵宝（Bristol Myers Squibb）数据的定制指数。

科学原理以及它们是如何被开发出来的。这种思维模式深入到了公司的内部，高管们会横向思考公司整体的成功，而不仅仅是他们自己的部门。

这种创新改变了公司科学领导者的传统模式。亚历克斯说，他敦促团队"把自己想象成扮演着双重角色，即研究和战略领导两方面平等"。这使得公司业务部门与研发部门之间的传统界限被打破。

他采取的一项具体措施是，在关键部门加入研发领导者和商业化领导者担任联席主管，因为市场变化的速度加快，对新药和健康产品的需求在增加。这种"双头领导"的做法并不新鲜，但有所不同的是让两者以协调的节奏运作。这种模式让整个企业释放出更强的责任感和协作意识。

"我们在过去 5 年里看到的创新比之前 30 年的总和还多。"他说，"为了跟上这种令人难以置信的转型步伐，我们开发了一个高绩效的联合领导结构，将研发和商业职能协调起来。"

这种模式在公司高层实施，也向下深入到具体的部门，比如治疗部。"如果你看看我们的治疗领域，如免疫学，我们有一位研发负责人和一位商业负责人，他们协同工作，并取得了丰硕的成果。"他说，"在我们整个企业家族里，这种模式释放了一种新的创业精神、创新精神和责任感，推动着整个企业的发展。"

在"双头领导"的模式下，研发领导者和商业领导者共同承担责任，必须相互欣赏和依赖，以推动该部门的成功和发展。"为了实现这一目标，我们必须创造合适的环境，设定正确的预期和激励措施，并实施合适的发展体系。"

亚历克斯一直专注于招募和培养有能力跨界的人才。他改变了传统的药品研发方法，即只从内部研究中寻找创新的新产品，而是鼓励公司同样积极地寻求从外部来源获得新的研究思路。

"我们深深地致力于内部的研发，但与此同时，我们也会尽力优先打造最强大的创新生态系统，无论是通过有机增长和创新、合作还是收购。我们称之为'创新不可知论'，这样你就可以专注于最好的科学和创新，而不管其来源。科学发展的速度如此之快，为了实现蓬勃发展，你需要行动敏捷，能够识别有趣的、有前途的、差异化的新平台。在强生公司，我们将这一点与公司的体量和规模相结合，迅速将解决方案推向全球市场。"

亚历克斯解释说，这种新理念要求培养和提拔具有不同于以往思维方式的领导者。他们必须更加灵活，对多个学科领域有更深入的理解，并且能够自如地跨学科工作。他们必须热爱拥抱卓越的新思路，而不关心这些思路来自哪里，而且他们不再仅仅是单一领域的学科专家。

"今天的环境比以往任何时候都更有活力、更加苛刻、更多样化。"他说，"为了抓住医疗健康行业的这个不可思议的机遇，我们的领导者需要像在内部一样，善与外部展开合作。我们希望营造这样一种局面，让各方都能实现巨大的回报、承担重要的角色，从而让所有人都真正致力于去实现成功。"

通过这些收购（很多价值约 1 亿美元），打造了价值几十亿美元的平台，从而创造了巨大的企业价值。"这是强生公司成功的秘方之一。"亚历克斯说。

在亚历克斯所采取的方法中，另一个要素是高度关注执行力。强生公司的领导层不能像过去那样，把计划的执行权下放给低层级的管理人员，而是必须让自己沉浸在计划实施的所有细节中。

"领导者只制定战略，依靠团队执行，这样的日子一去不复返了。"亚历克斯说，"环境变化如此之快，你需要不断了解新情况。"他说，"否则，战略转变会跳过你，或者执行失败会将你的整个战略置于危险之中。对于任何一位领导者来说，战略和执行并重对成功至关重要。"

重要的是，他已经建立了一种运营节奏，鼓励各部门的领导者之间相互寻求和提供反馈，即使是对于他们具体职责或专业领域之外的问题。亚历克斯会亲自挑战这些领导者，并给予他们及时、直接的反馈。领导者激励他们的团队在整个公司范围内进行横向思考，以建立更好的协调和协作思维。

强生公司所依赖的这类人才身上的所有改变，最终需要一位新的 CHRO 来负责。亚历克斯说，新的 CHRO 必须更多地参与公司领导者方面的工作，并成为整体业务绩效的合作伙伴，而不仅仅是专注于行政工作。一位成功的 CHRO 现在需要"同理心和紧迫感的适当平衡"，根据需要改变组织结构，而且必须易于交流。CHRO 必须是 CEO 和领导团队值得信赖的顾问。亚历克斯说，他已经跟他的 CHRO 彼得·法索罗（Peter Fasolo）建立了这种关系。

亚历克斯说："彼得是我每天第一个及最后一个交流的人，没有做到的情况很少见。我们的关系完全建立在相互信任和尊重的基础上。我对跟他进行任何交流都感到非常自信和自在，因为我知道，最终我们两人都在努力预测什么对公司最有利。"

亚历克斯说，他鼓励他的领导团队与彼得建立密切的关系，并在做出重大决策时向他吐露心声。"CHRO 需要成为大家本能信任的人。"他说，"我告诉彼得，如果我们的业务领导者不是每天给他打电话，我们就有麻烦了。大家去找彼得，是因为他能提供价值。"

亚历克斯的愿景提高了强生公司的决策速度。这也适用于他自己做出的与人才相关的决定。"一旦你意识到自己招募或支持了合适的领导者，就要专注于帮助他们取得成功，并且能应付自如。事实上，在我评估新上任的领导者时，总是首先问的一个问题是：你支持过多少成功的领导者和团队？有多少人的职业生涯归功于你？"

亚历克斯说，当 2019 年末疫情暴发时，强生公司立即开始研发冠状病毒疫苗，即"登月计划（moonshot）"。该公司组建了一个全新的部门，以非凡的速度推动研究工作，公司的科学家们也抓住了这个机会。亚历克斯与执行委员会副主席兼强生公司首席科学官保罗·斯特法尔（Paul Stoffels）博士之间的密切而富有活力的合作关系是强生公司响应这一事件的核心所在。

"斯特法尔博士具有变革性的领导力，能够让团队发挥最大潜能，这是我们能够承担如此非凡行动的一个重要原因。"亚历克斯说，"这是我们的科学家在他的领导下真正行动起来的一个例子。正如我们在强生公司所做的那样，他们感受到了对这一全球卫生紧急事件的深切承诺。2020 年 1 月，斯特法尔博士发挥了重要作用，帮助科学家们从收到基因组测序信息，到在短短几周内提出三四个不同的候选开发项目。"

亚历克斯认为，这里的很多经验具有持久的相关性，远远不止解决新冠疫情的问题。强生公司领导者之间的合作伙伴关系，为企业如何将科学、创新和目标明确的领导力融为一体，以解决社会上一些最复杂的问题树立了典范。亚历克斯说："这是一个重申的时刻，告诉我们如何利用我们的规模、影响力和专业知识来做出决策和产品，对全球几十亿人产生持久的积极影响，并为我们所有利益相关方创造长期价值。"

为了提供与斯特法尔博士一同监督这项工作的最佳人才，强生公司联系了一位退休高管，并说服他回归，因为他在这类运营工作方面拥有特殊的专长知识。这位名叫杰克·彼得斯（Jack Peters）的高管曾担任集团的欧洲区主席，他拥有支持分销和渠道计划所需的人脉和技能。

"我们意识到，我们不仅需要开发疫苗，还需要开发分销系统，让包括发展中国家在内的整个世界都能获得我们的疫苗。我们与一系列国际组织建立了合作伙伴关系，从比尔及梅琳达·盖茨基金会到全球疫苗免疫联盟（GAVI）等。"他说，"从研发到在短时间内开发出几十亿剂药物在全球分销，这是一项庞大的工作。你不可能很快培养一个人来完成这项任务，你需要的是这样一个人，他的手机里已经有所有人的电话号码，并且拥有人脉网络中所有人的信任和信心。这个人就是杰克。"

经过集中的努力，我们于 2021 年 2 月底成功批准及推出新型冠状病毒疫苗。疫苗的开发和推出是强生公司敏捷运营的一个例子，也体现了其强大的基于价值观和目标驱动的企业文化。作为 CEO，亚历克斯建立了一支领导团队和组织，致力于为患者和消费者服务，并创建了一个系统，在这个系统中，领导者与公司的信条保持一致。这种以目标为导向的专注，与组织内每一层级的责任意识相结合，实现了令人难以置信的企业成功，并将强生公司变成了一家"有 135 年历史的初创公司"。

·核心学习内容·

强生公司

拉姆·查兰

　　本能思维会让人们认为增长型公司仅限于私募股权投资机构支持的公司或小市值的公司。实际上，即便是一家拥有135年历史的大企业，也能以增长性思维来运营。这是亚历克斯·戈尔斯基在强生公司灌输的理念，他让公司变得跟任何初创公司一样灵活。亚历克斯已经成功地证明了让大象跳舞是有可能的。

● 大型传统公司在发展速度和敏捷性方面的致命伤，在于领导者向CEO汇报时各自为政的心态。亚历克斯成功地将两个最关键的成长引擎结合在一起，同一个责任、同一份商业计划、同一个资源分配模型、同一个薪酬计划和同一套"合适的人做合适的工作"决策机制。在这两者之间的开放空间里，没有任何东西会占用CEO的时间。同样，公司本身也不能再各自为政了。亚历克斯鼓励他的领导团队对新的研发思路保持开放态度，即使这些思路来自外部，从而促成公司与其他公司的合作和收购，打破一切都由内部研发的常规做法。这种跨界工作的理念是强生公司的一个重要市值乘数。

- 亚历克斯与他的 CHRO 彼得的合作，体现了一位高质量的 CHRO 可以产生的战略影响。听说彼得通常是他每天第一个也是最后一个交谈的人，这很令人震惊。彼得不仅为他的同事和其他职能部门领导发掘价值，也受到他们的追捧。他不仅利用他的角色在整个组织内推行政策和程序，也是亚历克斯的陪练，在关键的人才决策、组织设计和激励方面都有很好的判断力。CHRO 在考虑自己的角色时，应该考虑到自己在其他业务领导者那里产生的影响力，以及通过与他们合作所能创造的价值。

- 亚历克斯对所有的领导者都有着极高的标准。要想在强生公司获得成功，你必须在战略上出类拔萃，但与此同时，也要让自己全身心投入到细节和执行之中。领导团队中的高管在方向和激励以及相互挑战方面都保持一致。所有 CEO 都应该让自己的团队遵守这些标准，并要求他们具备强大的执行力，就像他们在制定战略和设定方向时一样。

第 6 章

重新审视
"如果没有坏就不要修"的观念

Hemnet

那是一个周一的早晨,瑞典斯德哥尔摩的隆冬时节,我和我的同事在大楼的前门外等待。我们打算跟泛大西洋投资的投资组合中最新的一家公司 Hemnet AB 举行首次会议。我们冻僵了。门铃响了,等待,又响了几次之后,我们终于获准进入。我们一边让自己的身体暖和起来,一边跟对方友好地打着招呼。但在与该公司的领导团队会面之前,我们没有时间放松和休息。几分钟后,该公司的 CEO 就邀请我参加了一场市政厅式的全员会议,并向员工发表讲话。由于没有时间准备,我即兴表达了自己对泛大西洋公司投资集团投资 Hemnet 以及与管理团队合作扩大公司规模的兴奋之情。做完这些介绍后,我平静下来，然后开始对 CEO 进行首次的一对一评估，这是一次耗时三个小时的谈话。

那是 2017 年初，泛大西洋投资刚刚投资了瑞典最领先的房地产信息网站 Hemnet。这并不容易，因为在 2016 年的早些时候，一家挪威公司锁定了这个项目，但出于反垄断的考虑，监管机构叫停了这笔交易。在流程重新开始之后，泛大西洋投资的合伙人克里斯·考尔金（Chris Caulkin）就迅速采取行动。克里斯在网络分类广告领域经验丰富。他曾牵头投资了法国的 SeLoger 和比利时的 Immoweb 等公司。多年来，克里斯观察了数百家发布网络分类广告公司，这让他对这个行业有了强烈的感觉，并对重要的业务模式有了敏锐的眼光。他自信地认为 Hemnet 是一家独一无二的公司。

Hemnet 在瑞典住宅房屋信息业务中占据主导地位，拥有超过90%的市场份额和大约88%的消费者认知度。瑞典的整个住宅房地产生态系统都依赖于这个平台，凭借其强大的背景，克里斯领导了与 Hemnet 的谈判，并最终完成了交易。泛大西洋投资获得了 Hemnet 61% 的股份，这家私有的互联网公司对应的隐含估值约为 2.14 亿美元。

Hemnet 由瑞典的两家房地产经纪人协会和两家最大的房地产经纪公司于 1998 年创立，利用在线工具将住宅房地产的买方和卖方聚集在一起。最初,它不收取信息发布费,而是通过在网站上出售广告弥补开支。2013 年,它改变了运营模式,开始向卖家收取房源信息发布费。Hemnet 为买家和卖家提供了大量房源信息和服务,并提供工具帮助经纪人推广业务。该网站每周大约有 300 万访问者。

尽管 Hemnet 的业绩一直很好,但我们认为它仍有未开发的潜力。我们认为它可以超越其主流的模式,开发出新的相关业务线,使其网站更适合移动设备,并通过庞大的客户群来大幅提高利润率。这需要一个积极的新计划和新的企业文化,专注产品创新、以客户为中心并以结果为导向。为了实现这一目标,该公司需要一位注重增长的 CEO,一位渴望变革并具有创业精神的人。

周一上午,我与公司的 CEO(为了便于阅读,我称他为约翰)会面时,气氛很融洽。约翰看起来热情、亲切、迷人,他似乎对泛大西洋投资很满意。

约翰有着亮丽的过往业绩——Hemnet 的表现极其出色——还有一个值得一讲的故事。他曾在一家高成长的消费品公司担任总经理,拥有丰富的国际经验。还曾负责 Hemnet 的收入和 EBITDA 增长,并改善了公司与经纪人的关系,经纪人对公司的成功至关重要。早些时候,Hemnet 上调信息发布费之后，很多经纪人和卖家都很不高兴。但约翰表示，他已经花了相当多的时间与经纪人和客户交流，至少超过 1000 次，以平息他们的担忧、重建信任。这是一些非常积极的举措。

当我问及优先事项时，约翰说他的首要任务是填补团队中的空缺职位。六名高管直接向他汇报，包括三名业务线主管和三名其他高管。但他表示，其中的三个职位已经空缺了一段时间，尽管填补空缺是一个重要目标，但事实证明很难找到并聘用合适的候选人，其中的一个问题就是每个业务单元的规模。最多的时候，公司一年的收入略高于 2000 万美元，这个基数限制了 Hemnet 能够支付的薪酬水平，也就限制了他们可以吸引的候选人。约翰提到这一点时，我思考了一个问题：他为什么要继续招聘那些无法填补的职位，而不是重新考虑组织结构，这样有机会找到合适的人才？

当我问及其他优先事项时，他说很少，因为之前的股东没有要求他制定其他战略目标。他说，自己一直在等待新股东的加入，一起制订公司增长计划，并帮助他确定新的优先事项。他说自己计划为各部门和高管建立一套强有力的业绩标准，以确保推行管理层的问责制，并将 KPI（关键绩效指标）逐级深入公司内部。这些指标将被纳入一个业绩看板，可以快速展示 Hemnet 在重要目标上的进展。除了有这个想法之外，他目前还没有做好启动计划的准备。他解释说,董事会也没有要求他这样做。

我愣了一下。在半数领导职位空缺、增长重点不明确、没有持续的高管业绩衡量体系的情况下,Hemnet 是如何做到如此成功的呢?我记得克里斯曾经说过,公司的文化并不是他所希望的追求高效能。

当我和管理团队的其他成员坐下来交流时,我的问题很直接,这有助于我了解情况。高管们告诉我,约翰是共识的坚定拥护者,他认为共识是一种力量。但他们担心,这可能会妨碍他们做出艰难的决定。

约翰的强项是人际关系,包括与客户的关系,以及在一定程度上与 Hemnet 员工的关系。由此导致的一个后果是,他倾向于避免采取果断行动或卷入可能造成人际关系紧张局势的问题。他寻求与团队成员之间的合作关系:共识,而不是冲突。此外,他对消费类技术企业非常熟悉,但在新产品开发或战略流程规划方面并不具备我们需要的经验。越来越明显的是,一位 CEO,即使是一位非常能干的 CEO,与一位增长型的 CEO 是有区别的。Hemnet 面临的挑战是增长和变革。

在我们第三天的最后一次会谈结束后,我和同事卡米拉·

比安卡迪（Camilla Biancardi）拿着我们收集的 200 页带注释的笔记，前往一家咖啡店检查我们所掌握的信息。所有的信息将我们引向一个无法回避的问题：约翰会是 Hemnet 下一阶段发展旅程中合适的 CEO 吗？

根据我们在现场三天所了解到的一切，我们担心的是，约翰似乎不是合适的领导者，无法承担这样艰巨的任务：扩大业务规模、颠覆企业文化、引入新产品线、升级技术，以及在 Hemnet 的下一段发展旅程中开辟一条决定性的新战略路线。真正的挑战是完善我们的分析，以便我们能够清楚地解释，为什么会得出这样的结论：一位表现出色的 CEO 并不是未来合适的领导者，这从表面上看似乎有悖常理。但我们觉得，有必要向克里斯和另外两名董事会成员传达这样一个信息。那天晚上我们会跟他们共进晚餐，我们要做自己的艰难决定。

我们整理了一下思绪，去参加了晚餐。我们知道，这将是一次潜在的紧张对话，也可能会令人意外。我们在附近一家餐厅的一个安静的角落会面，坐下来聊了几句之后，董事会成员很快就问起了我对公司领导能力的看法。我很直接。我说我不认为约翰是领导公司向前发展的合适人选，我们需要找到一位替代者，越快越好。我说尽管他目前表现不错，但我不认为他有能力改变公司的方向、进行规模化扩张以及实施变革，或者实现我们预期的回报。我补充说,该公司的很多高级管理人员都有跟我同样的疑虑。

当时一根针掉到地上的声音都能听到。这似乎不是他们所期望或想听到的。克里斯也是第一次听到这个观点,因为我们没有时间在晚餐之前讨论,他似乎也很惊讶。在后来的讨论中,他承认这是他最不想听到的事情。

罢免 CEO 不是一件轻而易举的事情,这也不是泛大西洋投资的典型做法。我们喜欢支持优秀的创始人和 CEO,支持他们发展公司,实现我们的投资目标。毫不奇怪,在我们表达观点之后,立即遭到了反对。我们在吃饭的时候进行了一次深思熟虑、有理有据的讨论。作为一个团队,我们回顾了 Hemnet 的积极进展。收入在增长,与经纪人社区的关系有所改善,而且这家公司也不是一家有着迫切需求且陷入崩溃的公司。实际上,公司的经营很成功。

我们分析了过去业绩的驱动因素,并讨论了公司实现战略目标所需的基础。过去的一个驱动因素是提高信息发布费,以此增加收入,而不是推出新产品或其他的市场创新,或业务流程改进和利润率提升。但在展望未来时,我们需要应对不同的挑战。具体的措施包括开发新的产品线、改善网站在移动设备上的性能,以及解决"技术债务"的策略,即修复技术升级遗留下来的问题，这些问题对 Hemnet 技术平台的可持续性至关重要，但解决这些问题的计划被推迟了。我们需要公司全力以赴，充分发挥潜力，这需要更强有力的领导、明确的优先事项以及运用业绩管理工具。在我们的会谈中，我们反复思考了所有这些问题，很明显，尽管约翰一直在管理着一家成功的公司，但他并不适合将这家公司的增长提升到一个新的水平。

董事会成员随后询问我们将如何替换约翰，瑞典的国土面积和人才库相对较小，我们在瑞典找到一位好的候选人的可能性有多大呢？我们承认，要从瑞典国内找到一位具备 CEO 经验且在消费技术行业经验丰富的高管并不容易。

但这也是我们不能犯的错误。根据我们几十年来在泛大西洋投资与几十家投资组合公司身上积累的经验，证据表明更换 CEO 的时间以及更换次数对投资回报有很大影响。平均而言，当更换一次 CEO 时，内部收益率是 15.7%，这意味着选择是成功的，无须重新考虑。当更换两次或更多次 CEO 时，内部收益率平均降至 2.8%。也许更重要的是，如果在投资交割后一年内更换 CEO，平均内部回报率将跃升至 36.1%，而在投资交割一年后更换 CEO 时，平均内部回报率为 5.5%。

这个信息再清楚不过了。这些数据强化了一种观点，即在考虑投资组合公司是否需要引入一位新的 CEO 时，快速的行

动和正确的判断至关重要。果断、深思熟虑的行动在创造价值
方面起着巨大的作用。基于这项研究,我们知道针对 Hemnet
需要迅速采取行动,并在第一时间做出正确的选择。

董事会成员随后问,如果我们同意换掉约翰,更好的做法
是任命一位临时 CEO 后让他立即离开并启动公开招募,还是
应该让他暂时留任,同时开始秘密物色候选人?其中一位董事
会成员担心,如果我们立即换掉 CEO,Hemnet 可能会丧失方
向,他们认为在我们物色候选人时,让约翰继续管理公司可能
会更安全。但是,在进一步分析后,我们一致认为,鉴于缺乏
明确的优先事项和高级职位空缺的数量,我们需要采取紧急行
动,并让管理层知道,我们清楚自己的做法。

Hemnet 占据了市场主导地位,盈利时机已经成熟。潜力
是巨大的,但只有我们迅速行动,它才能实现。我还警告说,
如果我们继续等待,并试图在 CEO 在位的情况下秘密物色替
代者,这个烦琐的过程会大大减慢速度。

午夜过后,我们在各种选择之间苦苦挣扎。讨论有时变得
激烈起来,但没有政治因素在其中起作用。当晚之后,我们决
定立即更换 CEO,任命 CTO 为临时 CEO,并开始物色候选人。
下一步是向董事会解释我们的提议,并让董事投票表决。不久
之后,他们开会时进行了热烈的讨论,并仔细审阅了我的发

现。他们投票支持我们的计划。

我们迅速行动，打算选择一家合格的猎头公司，并制订了策略。我们面谈了两家公司，决定跟罗盛咨询公司合作。我们还与一位住在瑞典的顾问合作，他了解瑞典的人才情况，以及找到合适人选所面临的挑战。

当然，关键是制定候选人的标准。我们需要让董事会和泛大西洋投资保持一致。我们尤其需要商定，哪些品质是不可谈判的，哪些品质在必要时是可以妥协的。

我们认为，新的领导者应具备以下经验和能力：

- 曾在 4~6 年时间实现消费技术公司 3 倍或 4 倍的增长，同时利润率也有所提高。
- 曾开发和推出过新产品及业务线。
- 曾招募及打造过强大的领导团队。
- 具备领导文化变革以提升创新和结果导向的经验。
- 最好是瑞典人或对瑞典市场和文化有很深的了解。

在我们最终确定思路之前，这份清单经历了四次迭代。我们的目标候选人现在或曾经是一位 CEO，并具有推动公司增长的经验。不过，如果有必要的话，我们愿意对首次担任 CEO 且有过业务线总经理经验的人选保持开放态度。不可协

商的是之前在消费技术和数字营销领域的经验，以及可验证的
推动文化变革的能力。

我们的进展很快，罗盛咨询公司在大约 10 天后带着一份
初步的候选人名单回来了。接下来，克里斯负责招募工作，我
们保持每周一次的节奏来回顾进展情况。我的一部分工作重点
是与克里斯密切合作并为其提供支持，因为此前他并没有直接
领导过 CEO 的招募工作。他对面试时的最佳方法提出了一些
疑问，我跟他分享了我的经验，即如何使用谨慎的、数据驱动
的方法得到最好的见解。

几周之内，我见到了入围者。我们最终将范围缩小到了三
位候选人，两位外部候选人和一位内部候选人——我们的临时
CEO、Hemnet 的 CTO。我们邀请了两位外部候选人参与案例
研究，这让我们能够看到他们的实际行动。基于这些表现，我
们发现自己被一位非常能干的候选人塞西莉亚·贝克弗里斯
（Cecilia Beck – Friis）吸引住了。

塞西莉亚不是一位在任的 CEO，但她在瑞典电视网 TV4
的表现给人留下了深刻的印象。在 TV4，她成功地提升了数字
广告收入和用户基础，并领导公司的数字产品开发。她接手了
一支功能失调的团队，并做出了很多艰难的人事决定。我们喜
欢她在过去的角色中迅速而果断的行动。她曾多次获得晋升，

但最终离开 TV4，创立了一家虚拟现实公司。

一切都朝着正确的方向发展，直到我们打算发聘用通知之前，克里斯接到了塞西莉亚的电话。她说自己已经决定退出招募流程，并希望被排除在考虑范围之外。这是一个令人震惊的情况。但她说，经过深入思考，她并不完全清楚董事会是否会充分授权她，并给予她必要的资源，让她按照自己认为合适的方式管理 Hemnet 并取得成功。她说，离开自己从零开始建立的虚拟现实公司让她很纠结。更糟糕的是，为确保招募的准确性而进行的严格评估工作也十分乏味，这让她担心公司的决策。

在这个时候，我们完全相信她是领导 Hemnet 的合适人选，我们不准备认输。为了减轻她的担忧，我们安排了泛大西洋投资的 CEO 比尔·福特直接给她打电话，以便更好地了解她的担忧，并向她保证，她将获得她所寻求的支持和执行权力。比尔还向她保证，投资 Hemnet 是泛大西洋投资的首要任务，团队对她领导公司的能力充满信心。这个电话似乎立即产生了积极的影响，塞西莉亚接受了这个提议。这个过程花了 100 天。

塞西莉亚已经成为一位杰出的 CEO。她建立了一支强大的团队，并帮助公司扩充了产品组合。Hemnet 的收入和利润在短短三年内翻了一番还多。2021 年 4 月，Hemnet 在"纳斯达克斯德哥尔摩交易所"（Nasdaq Stockholm）成功完成 IPO。

该股在首日收盘时上涨 54%，意味着市值达到 21 亿美元，比泛大西洋投资初始投资时增长了 10 倍以上。这一结果是因为以下因素的支持：极其强大的消费者品牌、本地增长型科技资产的稀缺性，以及公众投资者认为这是全球最高质量的公共分类广告资产（与所有同行相比有显著的市盈率溢价），并拥有强大而多元化的管理团队。

> ·核心学习内容·
>
> ## Homnet
>
> ### 拉姆·查兰
>
> "如果没有坏就不要修。"这句话是几个世纪以来最糟糕的智慧总结。当泛大西洋投资集团投资 Homnet 时，它并没有"坏掉"，所以很多人可能会说它不需要"修理"。这可能是个错误。公司面临着一些巨大的机遇，但要抓住这些机遇，还需要一些补救措施。
>
> - 这一章强调了领导者的一个关键信息。虽然一家公司目前可能表现良好，但这并不意味着已经拥有了适合未来的领导者。从理论上讲，这位 CEO 拥有丰富的全球经验，但公司文化却表现不佳。值得注意的是，阿尼什的参与程度。他完成了一次深入的职业生涯演练，获得了 CEO 的详细信息，包括做了什么以及如何做到的。他还与另外十多位高管和董事会成员进行了交流，以更好地了解这位 CEO 是如何

成为一名领导者的，以及他们对新CEO带领公司向前发展是否有信心。最终，阿尼什得出的结论是，约翰是一位高素质的高管，但并不适合应对这种情况。

- 在整个案例中，值得注意的是，泛大西洋投资的主要投资合伙人克里斯·考尔金是如何处理这种情况的。他感觉到有些事情不对劲，但他相信自己的直觉，一定要让阿尼什参与进来。他相信阿尼什提供给他的数据，最终做出了同意更换CEO的艰难决定。这需要极大的勇气，因为在交易完成后，他不得不立即回到投资决策委员会，告诉委员们公司需要一位新的CEO。有时你必须做出艰难的决定。很多情况下，领导者引入人才的时间拖得太久，因为他们很忠诚，或者过去表现出色。忠诚度必须是对公司的忠诚度，公司第一。

- 物色高管并不容易，尤其是物色CEO。在瑞典这样一个较小的市场里，人才库是有限的。该团队投入了大量时间来确保塞西莉亚是一位合适的候选人，但却被告知她并不想要这份工作。然而，在整个过程中，克里斯花了时间与她建立关系。他们甚至请比尔·福特来打电话，以便了解她拒绝的理由，她有什么顾虑，并最终解决了这些顾虑。这种毅力和决心体现了泛大西洋投资的承诺和信念，即找到合适的人才对他们的投资战略至关重要。

第 7 章

支持合适的领导者至关重要

阿格斯

在我跟阿格斯(Argus Media)的 CEO(我称他为罗伯特)第一次会面时,他就直奔正题。2016 年秋天,我们在纽约见面。泛大西洋投资刚刚完成了当时规模最大的一笔投资,收购了阿格斯 53% 的股份,这是一家总部位于伦敦的能源和大宗商品价格咨询、商业智能及信息服务公司。由于交易的规模和一家市值 10 亿美元公司所面临规模扩张的挑战,该公司有很多事情都处于危险状态。

罗伯特是阿格斯的前 COO,他是细节方面是专家,利用交流的时间,他快速向我描述了自己的计划:降低业务成本、实施提价、解决高管团队所需的人才升级问题以及制订薪酬和激励计划。在罗伯特和公司执行主席、前 CEO 兼精神导师阿德里安·宾克斯（Adrian Binks）的领导下，阿格斯一直表现出色。罗伯特强调流程，提炼了所有让公司平稳运行的东西，而阿德里安的重心是客户以及如何让公司在市场中脱颖而出。

阿格斯这个投资项目由加布里埃尔·卡约克斯（Gabriel Caillaux）牵头，他是泛大西洋投资的联席总裁，负责主导我们在欧洲、中东、非洲（Europe, Middle East, and Africa, EMEA）的投资组合，并在金融服务和技术领域提供深度见解。七年多来，加布里埃尔一直在跟踪阿格斯并与它建立了关系，其中大部分时间都在与该公司的创始家族和董事长打交道。将一家专注于欧洲石油市场的内部时事通信公司，发展成一家全球性的信息服务公司，阿德里安在这个过程中发挥了关键作用。随着新技术和全球化对信息产业的冲击，投资的时机似乎已经成熟，加布里埃尔说服了公司创始家族，也就是最大的股东，泛大西洋投资希望帮助他们扩张公司规模、升级技术及补充新的能力，这是让公司更上一层楼的正确途径。

加布里埃尔认为，数字工具和复杂的数据分析正在为信息行业的精明参与者们带来越来越多的机遇和挑战，而阿格斯有能力成为该领域的领导者。加布里埃尔和泛大西洋投资的其他投资合伙人都很清楚，在纸面上制订一份伟大的投资计划是一回事，而组建一支高效能的团队来实现公司增长，并在 4~5

年的时间创造数倍的价值则是另一回事。投资交割之后，加布里埃尔就让我为阿格斯制定一份领导力和组织战略。

从与罗伯特在纽约的第一次两个小时会面，我就开始工作了。我已经感觉到，我们公司的大多数投资合伙人和该公司的大多数高管都认为，罗伯特是公司未来的代言人，这似乎很有希望。我需要测试他的思维、领导风格和运营节奏，以了解他长期的表现预期。显然，罗伯特是一位优秀的流程和运营经理，但我很快发现，他对发展道路上自认为的障碍也有顾虑。但这些都只是普通的障碍，真正的问题集中在他与执行主席阿德里安之间不同的愿景，以及两者缺乏一致性。阿德里安不仅是罗伯特之前的 CEO，还是公司的重要股东。在泛大西洋投资参与时，他仍然持有大量的股份。

罗伯特分享了他与阿德里安缺乏一致性所遭遇的很多挫折，他解释说，他觉得自己处于弱势地位，没有获得足够的自主权。他说，阿德里安经常参与经营问题，并经常质疑他在公司优先事项、人才和定价等方面的决定。罗伯特直截了当地指出，他期望作为执行主席的阿德里安能够从一万英尺（1 英尺约为 0.3 米）的高空监督公司的各项活动、提供指导，但将业务的日常管理留给 CEO。当我问他对与泛大西洋投资的合作有何期待时，罗伯特建议在他和阿德里安之间设立一个缓冲地带。

我意识到，对于我来说，关键是在与阿德里安及领导团队其他成员会谈时评估形势，并在收集信息时保持开放的态度。这牵涉董事会主席和第二大股东，这要求我与加布里埃尔及他的团队，以及最终与罗伯特的董事会有更加密切地合作，根据数据得出结论，了解我们应该如何应对这种情况，并排列各种选项。不过，事实证明，仅仅与阿德里安进行这样的对话就已经是一种挑战了。当我飞往伦敦与罗伯特进行额外的交流，并与阿德里安及整个领导团队会面时，我惊讶地发现，我与阿德里安的会面时间只有 45 分钟，而与其他领导团队成员的会面时间则都是 90 分钟。幸运的是，当我见到阿德里安时，他热情而亲切地说，如果需要，他聊多久都可以。我们最后聊了将近三个小时。

阿德里安在阿格斯工作了 30 多年，他清晰地阐述了公司的愿景。他强调，该公司需要建立一个强大的长期增长战略，其中包括在关键市场（如美国和亚洲）的扩张，使其能力与全球客户保持一致，并打造新产品和分析能力，以领先于不断变化的大宗商品市场。他在阿格斯创立后不久就加入了公司，不仅晋升为 CEO 和董事长，还因为对能源市场的深入了解，尤其是与大客户、大型石油公司和交易商建立的关系而备受尊敬。了解并响应客户需求，是阿格斯成为行业长期领导者普氏能源资讯（S&P Global Platts）主要竞争对手的关键所在。

　　阿德里安以客户为中心，帮助他们预测未来的市场需求，并为他们提供分析和操作大宗商品市场（尤其是石油市场）的尖端数字工具。他很有战略眼光，能放眼世界。事实上，他在 2010 年聘请罗伯特担任他的 COO，这样他就可以专注于大局战略，同时让罗伯特处理流程和内部运营。当时，这是该公司的正确做法。罗伯特强大的运营技能是对阿德里安的补充。罗伯特很高效，并且改进了流程。

　　在与阿德里安的交谈中，我了解到他致力于持续扩张和增长，并认为通过实施全球战略和增加新的能力，公司可以在未来几年内实现价值的倍数级增长。

　　我约谈了大约 20 名罗伯特的其他高管，剖析了每个人的具体职责、优先事项以及未来预期的挑战。我还仔细调查了每个人对阿德里安和罗伯特之间分歧的看法。我听到的故事是一致的。罗伯特的大多数高管都划归成两个阵营，一个支持罗伯特，另一个支持阿德里安。此外，这两个阵营之间没有很好地沟通或协调。这家公司虽然业绩良好，却陷入了各自为政的状态，主要原因是阿德里安和罗伯特之间缺乏高层凝聚力。不管属于哪个阵营，大多数高管都表示，他们有时不确定该听从谁的命令。

　　鉴于调查结果的敏感性，我们请来了领导力咨询公司

RHR 国际（RHR International）进行深入研究，并得出了独立的评估结论。其中关于冲突和缺乏凝聚力的发现，与我们自己的发现一致。最终，我们不得不问自己：我们如何能让一家市值为 10 亿美元的公司，在存在这种冲突的情况下，创造出 30 亿至 40 亿美元的价值？谁的愿景最有助于实现这一目标？

我很快意识到，这种冲突很大程度上源于罗伯特履行 CEO 职责的方式，这种方式早在泛大西洋投资参与之前就已经存在了。阿德里安是一个极其聪明、白手起家的人，他出身卑微——他的父亲在第二次世界大战期间加入英国皇家空军之前是一名英国贵族庄园的园丁，之后进入了商界；他的祖父是一名煤矿工人，在煤矿坍塌事故中丧生。阿德里安去了剑桥大学读书，然后进入石油行业，他的第一份工作是在英国石油公司（BP）。他最初为公司的高管撰写演讲稿和演示文稿，但在 20 世纪 70 年代石油危机之后，他进入了交易部门，在那里他加深了对市场和参与者的了解。1984 年，他被说服加入一家规模很小的英国公司阿格斯简讯（Argus newsletter），并购买了股份成为该公司的小股东。随着石油市场的规模和复杂性在 20 世纪 90 年代迅速扩张，他成了公司的 CEO，公司的业务得到了长足的发展。

但是在 2014 年，阿德里安病倒了。阿格斯的董事会仍然

由 2008 年去世的创始人扬·纳斯密斯（Jan Nasmyth）的子女
领导，董事会认为，在阿德里安缺席的情况下，需要确保领导
的一致性。罗伯特向董事和独立董事游说让他担任 CEO，董
事会在 2015 年 6 月同意了。

阿德里安的健康状况好转之后，他重新担任执行主席，随
后泛大西洋投资投了该公司。罗伯特希望阿德里安在维持其高
管职位的同时，不再承担公司日常运营职责。阿德里安有强烈
的创始人心态，在领导阿格斯这么多年后，他比罗伯特更了解
市场，与客户的关系也更密切。这有助于我们了解困局的根
源，但我们仍然需要找出解决矛盾的办法，并在清晰统一的领
导下扩张业务规模。

对于我来说，厘清针锋相对的主张是在一次谈话中，我问
罗伯特未来的战略重点是什么。他提到了改善业绩管理和激励
计划、升级人才以及改进运营流程等问题。很明显，他没有提
及两个关键的问题——他没有提到客户，也没有描述前瞻性战
略，以便让阿格斯在竞争激烈、瞬息万变的市场中保持领先地
位。罗伯特有很多优势，但他并没有阿德里安那样丰富的行业
经验。我还质疑，如果升级和加强管理团队是首要任务之一，
他为什么不加快步伐？

我把我的发现告诉了加布里埃尔，我们经历了一个反复的

过程，权衡了两种选择的利弊。最终，大家越来越清楚地认识到，阿德里安的强项是愿景、战略和客户关系，而且他在这些领域拥有无与伦比的知识。很难想象没有这样的愿景，我们怎么能扩张公司规模。

在我和加布里埃尔交流之后，与包括阿德里安在内所有的股东召开了会议。我们的结论是，罗伯特的情况是无法解决的。我们都认为，让罗伯特离开公司，符合两位领导者和公司的最佳利益。事后看来，这个流程的一个优点是，我和我的合伙人一直保持开放的态度，并遵循事实。我们严谨地收集了两位领导者的相关数据，并与其他高管进行了信息交叉核对，在得出结论之前还认真听取了他们的意见。这让我们做出了我们现在确信是正确的举动。

正如 2017 年 1 月的一篇新闻报道所说，"阿格斯在一份内部备忘录中表示，在宣布出售给美国投资机构泛大西洋投资 8 个月之后，该公司董事长阿德里安·宾克斯将重新担任这家能源新闻和报价机构的 CEO。"

但这仍然给公司留下了一个空缺的职位。我们开始物色一位高素质的领导者，他可以承担 COO 的角色，为阿德里安提供支持，并在他的指导下，了解市场和主要客户。

　　阿德里安、加布里埃尔和我首先讨论了 COO 的标准，在物色的过程中我们始终保持密切合作。我们需要确保大家对担任这一职务所需的技能和经验方面保持一致的观点。我们知道，目标候选人必须在业务增长和技术进步方面拥有良好的履历，并且能证明其在整个企业范围的领导力。也许最重要的是，我们必须确保候选人能够与阿德里安合作。在考虑了几家猎头公司之后，我们选择了海德思哲来牵头负责。

　　我们面试了很多合格的候选人，最终把决赛圈范围缩小到四位选手。我们跟他们每个人都见面谈过多次，每次会面时间最长可达三个小时。马修·伯克利（Matthew Burkley）满足所有的要求，看起来是一位个性适合与阿德里安一起工作的人。他已经成功地打造过几家公司，包括一家他自己创立的公司，因此他理解扩张公司规模所面临的挑战，并展示出了强大的创业精神。

　　当时，他是另一家信息公司 Genscape 的 CEO，这家公司提供大宗商品和能源市场的实时数据和分析。在六年时间里，他将公司规模扩大了两倍，证明了他有能力安全地扩张业务。他有很强的战略眼光，还有在汤森路透（Thomson Reuters）负责业务增长的经验，因此他了解能源和信息行业及其背后的技术。虽然他相对年轻，但有很强的智力和技术能力，履历也很出色，拥有创业公司和大企业的经验。更重要的是，他非常了解阿格斯，并对其前景感到兴奋。

当我们缩小最终入围者名单时，我们邀请了马修以及另一位有希望的候选人参加案例研究，以便我们可以观察他们的行动，并测试他们对业务的理解。我们为两位候选人提供了公司和财务方面的资料，并要求他们准备并向招聘委员会做 45 分钟的陈述，之后是 45 分钟的提问和讨论。两人的表现都令人印象深刻，但马修更胜一筹，部分原因是他似乎与阿德里安建立了亲密的关系。

关键问题是，他是否愿意以 COO 的身份加入，并在阿德里安的领导下工作，后者将同时担任 CEO 和董事长。由于这种要求，另一名入围者选择退出。作为一名领导者，马修很有自知之明，而且他似乎不是那种会让自尊心妨碍自己的人。他说，他理解阿格斯提供的巨大机会以及阿德里安为公司带来的优势。我和阿德里安谈过，并说我担心马修和其他候选人一样，如果没有 CEO 的职位，可能还会拒绝。阿德里安建议他带马修去吃午餐，并坦率地谈一谈。让我们高兴的是，阿德里安敲定了双方的交易，我们在 2017 年 9 月聘请马修担任 COO。

尽管如此，我们从一开始就小心翼翼地确保不让分歧生根，并为建设性合作奠定基础。阿德里安设计了一种新的办公室布局,将马修和他自己安排在玻璃办公室里,面对面坐着,这样就有了真正的透明度。彼此都能看到对方在做什么,以及他们在跟谁会面,他们共同出席重要的会议。这种设置带来了更大的信任和一致,并有助于确保他们追求一个共同的目标,这个做法取得了巨大的成功。

到岗后的第一个月,马修就启动了一项积极的业绩管理项目,用它来取代业绩不佳的经理,并强化公司内部更深层的领导力。阿德里安和他迅速采取行动,打造了阿格斯的高级领导能力,其中包括邀请美国前国家领导人担任全球业务部门负责人,随后任命一名内部领导担任新设立的首席商务官(CCO)角色,负责监督全球范围内的销售和营销。在我们的支持下,阿格斯聘请了一位新的 CTO 和 CHRO,此后又聘请了一位新的全球编辑负责人和美国石油业务负责人,并重组或更换了大部分地区的管理层,以创建一个更加全球化的业务。

此外,阿德里安和马修齐心协力,迅速对组织进行重组,创建业务部门,旨在使盈亏问责制(P&L accountability)深入组织内部。每个部门的领导现在都拥有各自的盈亏目标和客户关系。

事实证明,支持阿德里安担任 CEO 和聘用马修担任 COO 是正确的战略,公司过去四年的出色表现证明了这一点。在他们的共同领导下，阿格斯的收入和利润每年都以两位数的速度增长，自我们初始投资以来，该公司已经创造了超过 20 亿美元的价值。

> **·核心学习内容·**
>
> ### 阿格斯
>
> #### 拉姆·查兰
>
> 在创造市值的过程中，最具破坏性的莫过于两位最高领导者的理念不一致，无论是董事长与 CEO，还是创始人与 CEO，或是 CEO 与 COO。这种不一致可能是有害的，它是公司从上到下最大的能量消耗因素。在阿格斯公司，我们看到阿尼什和他的团队很快就意识到了这一点。这是一个很多公司都会犯错误的领域。他们可能会选错人，可能会解雇两个人，也可能会浪费时间去招聘新人。
>
> - 当决定一位 CEO 或者公司的任何一位关键高管时，你必须从一套定义"A"类领导者的标准开始。这是一个框架，任何接受面试的人都应该按照这个框架来进行评估。对于 CEO 来说，深入了解客户和市场动向至关重要。没有客户，就没有业务。一位高质量的 CEO 还必须对公司有战略愿景，并且根据这个愿景为他们的团队设定方向。正是这个框架让加布里埃尔、阿德里安和阿尼什做出正确的决定，并因此让阿格斯创造了超过 20 亿美元的价值。

- 一旦知道需要变革，你就要果断行动。当然，有些时候你应该停下来思考，尤其是那些永久的、有重大影响的变革。但是一旦你做出了这样的决定，速度就是关键。这对于阿格斯来说至关重要。在不到一年的时间里，阿德里安重新担负起 CEO 的职责，COO 的物色工作拉开了序幕。阿德里安、加布里埃尔和阿尼什很快就在候选人的标准上达成一致，并迅速启动招聘工作。这一流程中的任何延误都可能导致投资目标的延误实现。

- 物色人才时没有捷径。你必须尽职尽责，在不同的场合与多名候选人多次会面，以确保选择了合适的领导者。你可以让候选人参与案例分析，这样做的好处是不仅能看到他们的实际行动，还能让他们对公司及其未来的前景更加熟悉和兴奋。一旦合适的领导者加入，你必须要帮助他们实现成功。建立信任、保障透明度，并与新的领导者合作，这就是你们如何培养持久的工作关系，并在追求共同目标的过程中保持理念一致的方式。

第 8 章

为公司成功的合并组建领导团队

HireRight

2018 年初，盖伊·阿布拉莫（Guy Abramo）接任通用信息服务公司（General Information Services，GIS）的 CEO。他给这个角色带来了很多活力和能量。他曾在益博睿集团（Experian）担任消费者业务的总裁，并在技术和数据管理行业工作多年，但这是他首次担任 CEO，并为一家私募股权投资机构支持的公司工作。对于泛大西洋投资来说，这也是一个重要的机会，我们长期在就业前背景验证（pre-employment background verification）行业寻找好的投资标的，并在 2017 年投资了 GIS。

自 2014 年以来，在彼得·芒齐格（Peter Munzig）的带领下，我在泛大西洋投资的合伙人们一直在研究企业运营中至关重要的一个新的现实情况，即高管和员工在岗位之间的加速流动。这场人力资本革命已经波及整个企业界，影响到就业前背景验证过程的很多方面。尤其是背景调查，已经不再是像过去那样让人昏昏欲睡的例行公事。如今，人们在 30 岁之前从事过五份工作，而在 30 岁之后会有更多的工作。每次有空缺职位招聘时，公司都需要审查大量的求职者，以确保他们招聘到的是有能力的人才。

这在如今是一个特别敏感的问题，因为员工问题和员工矛盾如果公开出现，可能会通过社交媒体渠道传播，有损公司声誉，让公司陷入尴尬境地。因此，在泛大西洋投资，彼得一门心思想要投资一家提供背景调查基础服务的公司，包括调查犯罪记录、驾驶记录、药物检测、就业和教育证明，以及特定行业的合规和筛选要求。GIS 当时是业内排名第四的公司，总部位于美国南卡罗来纳州的一个小镇，该公司回应了彼得打来的陌生电话，参与了一系列冗长的谈话，并成为我们成功进军该领域的突破口。2017 年 3 月，泛大西洋投资从其创始人手中收购了一大笔的少数股权。

在此之前，我们有过一些侥幸成功的案例，但对于 GIS，我们觉得自己找到了一家长期业绩稳定的公司，它拥有坚实的客户基础，更重要的是，还拥有一个可以扩张规模、使投资价

值倍增的平台。这是一个高利润率的行业，客户关系往往是相
对长期的，因此我们对前景感到乐观。另外，这个行业非常分
散，有很多能力很强的小公司，所以我们从一开始就在考虑整
合的机会，而不仅仅是有机增长。但在研究和评估 GIS 的过程
中，我们还有很多需要学习的地方。

我们很快就尝到了现实的滋味。我们发现，这家仍由创始
人控制的公司业绩相当不错，但还没有准备好迎接快速扩张带
来的严峻挑战，它需要完成一些关键要素的升级来满足我们的
交易要求。这并不令人惊讶，因为大多数公司的资源配置和管
理都是根据它们在特定时刻所处的市场环境来确定的，而不是
根据它们希望在两三年后达到的水平。公司的创始人当时仍是
公司的大股东，他已经聘请了一位新的 CEO。但是在考察了
公司所面临的挑战后，我们一致认为，公司需要一位拥有更深
入技术经验并且有能力改善运营的人，以便让公司为快速增长
做好准备。公司启动了一个漫长的人才物色流程，最终聘用了
精通技术、注重数据的盖伊。

当时，我们在泛大西洋投资的人才管理流程中遇到了一个
核心问题，这个问题经常会出现在我们的很多投资组合公司
里。当我们扩张规模时，业务不仅会增长，还会发生变化。领
导者必须要有远见卓识，能够推动和管理变革，渴望接受创

新，并将关键职责委托给团队成员，明确要求高管承担责任，同时迅速采取行动替换那些不具备实现业绩目标所需技能的高管。我构建的基于识别哪些模式的评估方法被证明是成功的，哪些需要支持、指导或替代。这是我们为 GIS 物色人才的关键，也是我努力支持投资合伙人改造该投资项目的关键。

我们挑选的 CEO 盖伊积极主动，以结果为导向。他上任后迅速收集了有关 GIS 的信息，评估了 GIS 的领导力和面临的挑战，以及如何按照泛大西洋投资的交易要求开始扩张规模。他很快就得出了一些发人深省的结论。

在深入研究的 10 天内，盖伊发现这家公司在几个关键方面表现平平，要想最终取得成功，面临一长串的障碍。在过去几年中，公司没有吸引到任何新的大客户，而且正在慢慢失去一些客户。这是一家由销售主导的公司，有一个与客户深度接触的销售部门，但技术薄弱。这一点很重要，因为全球增长和扩张的关键将是拥有一个有效的平台，为客户提供更好、更快的服务。技术是 GIS 的致命弱点。CIO 似乎无法领导所需的升级。总体而言，该公司的组织结构和运营缺乏全球性、大体量业务的成熟度。

一个月后，盖伊跟彼得及泛大西洋投资的团队讨论了他的观点。他告诉他们，在他看来，公司要么需要立即投入数百万美元进行重大技术升级，并加强对几个职能部门的领导，这可能是一个耗时的过程，要么就应该考虑一下彼得长期以来一直考虑的问题，寻找一个能够带来规模和全球平台的并购合作伙伴。没有人希望在不确定的重建过程中损失一年或更长时间，所以他们一致认为，最有吸引力的选择似乎是找到一个合作伙伴。

彼得对这个行业及其中的玩家已经很了解了，所以他能够迅速评估潜在的收购对象，并试探了一下。他找到了一家很有实力的候选者，HireRight，这是业内举足轻重的玩家。HireRight 的历史可以追溯到 20 世纪 80 年代初，多年来主要通过自身的收购实现增长，公司目前是该业内的第三大公司。现在，该公司的股东陷入了困境，幸运的是，这些困难与 HireRight 的业务无关。这提供了一个收购这家公司的机会，尽管它的体量比 GIS 更大。

通过竞争，泛大西洋投资获得了 GIS 和 HireRight 合并后新公司 52% 的股权。2018 年 7 月，在短短几个月内合并就完成了，新扩大的公司总部从南卡罗来纳州迁至 HireRight 原来所在的加利福尼亚州尔湾市。这立刻让招聘新的人才变得容易多了。

HireRight 拥有一个优秀的客户群，包括几家全球最大的

企业。公司一直在增长，而且拥有比 GIS 更好的技术平台，它
也是一个在业界备受尊敬的品牌。泛大西洋投资的理念是通过
实现有前景公司的规模化扩张来创造价值，但是在这个案例
中，我们发现，如果合并 GIS 和 HireRight 的系统，我们可以
通过消除冗余和寻找协同效应来降低大量的成本。我们的目标
是每年降低约 3000 万美元的成本。

这是一个充满希望的开始。盖伊很快召集了新合并公司的
高管人员在加州的新港滩举行了一次大型聚会，我们把新公司
命名为 HireRight。盖伊希望与他的领导团队会面，增强士气
和协作，并开始确定和阐明优先事项。但就在盖伊准备首次向
大家发表演讲时，他遭遇了担任 CEO 以来的第二次打击。他
后来向我回忆道，他看到自己眼前是一片郁郁寡欢的脸孔，这
是一种明显混合了怀疑和厌恶的表情。他从来没有遇到过这种
公开的敌意，但原 HireRight 的高管们并没有掩饰他们对被规
模较小的 GIS 公司收购的担忧，他们觉得这家新公司不如原
HireRight 强大，也不具备相同的能力。将两家不同的公司合
并起来，创建一个统一的、更具技术创新性的公司，这些挑战
突然变得更加艰巨。

随着深入研究，盖伊发现，他接手的 HireRight 在运营方
面也存在一些严重的缺陷和领导层的缺失，这可能会妨碍公司

的扩张。其技术基础设施是分散的，有三个系统需要升级和合并，一个服务于医疗健康公司，一个服务于国际客户，还有一个是核心平台。更糟糕的是，他们刚刚投资了 2000 多万美元去建立一个新的数据中心。盖伊发现，通过迁移到基于云端的系统，他们本可以更便宜、更好地完成这项工作。盖伊还认为，公司需要对领导层进行大幅的提升。

目前的人力资源主管在纽约远程工作，所以她很少直接接触尔湾市和其他地方的员工，对于一家拥有 3000 名员工的企业来说，这是一个明显的问题。公司几乎没有有效的业绩跟踪系统来评估管理层。盖伊决定，他必须要引入一位新的 CHRO 到现场工作，这也是一个转变和升级人才的机会，以提升公司人才培养和管理的重要性。盖伊发现 HireRight 的中层管理人员中，有很多优秀的人才。这很有帮助，但盖伊认为，一个关键的整体问题是，高管和领导团队不具备扩张业务所需的知识或经验，而且可能没有这种愿望。

2018 年底，彼得要求我对 HireRight 进行一次全面的领导力和组织评估，对其需求有一个更清晰的了解，并制订一个让其步入正轨的计划。这包括对领导团队的评估、对短期和长期优先事项的审查、对哪些领域需要人才升级的建议、对组织结构和运营节奏的评估，以及对员工士气的全面审视。这是一项要求很高的工作，但这些评估的结果将有助于确保盖伊在这个艰难的工作阶段获得正确的优先事项和我们的支持。

我们还必须帮助盖伊面对一个关键的问题。他告诉我们，他担心如果同时解决公司太多的问题，从更换高管到重组结构，可能会严重影响公司的业务，并导致管理层的瘫痪。我们希望评估的结果能让他获得所需的信心，让他知道自己应该如何调整转型的步伐。

也许更重要的是，我们必须分析盖伊是不是领导HireRight的合适人选。他在公司合并后为业务带来了一些稳定性，现在关注运营细节，并更加专注于自己的优先事项。随着HireRight规模的扩大，他是否能够管理一家我们预期三年后的公司，那时它的规模更大、更加国际化。

我们首先对领导层的所有成员进行了评估，到2019年3月评估结束时，评估结果喜忧参半。我们肯定了盖伊的判断，即公司需要在技术、人力资源、收入增长和销售等领域进行关键人才的升级。盖伊本人作为运营领导者，看起来很强大。

总体而言，我们对盖伊的反馈是积极的。他的团队相信他是带领公司前进的合适CEO。不过，我们也举起一面镜子，向他引用了他团队成员的一些批评意见，因此他明白这些都是有益而坦诚的反馈。我们还在长达三个小时的汇报中，阐述了我们的建议。他知道，我们跟他的大多数高管都花了两个多小时交流，在我们的数据驱动分析中有数百页的笔记。不同的CEO对反馈的反应不同，有人对此很反感，但盖伊很快就接受了我们的观点。他感谢泛大西洋投资提供的支持和发展机会以及带来的资源。

我们的一个观点是，由于领导团队存在欠缺，盖伊越来越多地被拖入运营的细节之中。他的步调很快，而且深入参与日常事务。我们觉得他需要升级，将直接下属的数量减少一半左右。盖伊觉得自己需要深度参与其中，因为随着合并的推进，业务的不稳定性越来越大，但我们解释说，他深度参与的经营风格意味着他在更大战略目标上投入的时间太少了。

他需要利用团队作为杠杆，将更多的责任下放给自己的团队，并确保有一个让他们对业绩负责的体系。这将释放他更多的时间来为公司制定更大的目标，如开发产品平台、投入时间与关键客户会面以及致力于国际扩张。此外，如果我们要让HireRight上市，他就需要腾出更多时间来处理上市公司的事务。

HireRight正在经历一场大规模的过渡。我们将两家公司合并，这让一些经理很不高兴，但大多数经理似乎都很欣赏盖伊作为CEO的优势。公司的总体表现良好，但我们还没有一个正确的组织结构或经营节奏，我们知道这是按计划实现价值倍增所必需的。我们必须招募一些关键的员工和进行技术升级。

我们还必须考虑公司文化。我知道盖伊和彼得都担心，在一个已经不堪重负的系统上，过快引入多位新的领导者，不会带来太大的变化。但我得出的结论是，在关键岗位上保留平庸人才的风险要大于人员更替的风险，这一点没有必要隐瞒。我们等待的时间越长，损失的时间就越多，扩大规模并实现价值增长目标的难度就越大。

我的评估基于三个关键业务重点：收入增长、开发全球技术平台和构建高效的运营基础设施。

为了完成这些优先事项，我们需要一位首席收入官（CRO）、一位首席产品官（CPO）和一位运营主管。也许最重要的是，我们还需要一位 CHRO，他不仅可以在物色这些职位候选人时提供支持，还可以帮助盖伊组建一支强大的领导团队，吸收和接纳新的领导者，并推动高效能的公司文化。一位高质量的 CHRO 可以对业绩产生重大影响，并加强各职能部门之间的协作。

我们支持盖伊寻找一位 CHRO。这一角色的选择及其运作方式，再次确认并深化了我自己对这一角色新模式的看法。

CHRO 应该是公司整体业绩的关键驱动因素，而不是一位独立的、孤立无援的管理者。

盖伊赞同公司需要一位 CHRO，其职能不仅是管理一系列独立的员工。盖伊需要一位值得信赖的顾问和合作者，以确保他能与团队很好沟通，并给予足够的支持。他希望有人在他的团队中充当黏合剂，确保他们相互理解，在追寻主要战略目标的过程中保持步调一致，高效地交换信息，并对业绩负责。

盖伊花了将近六个月的时间，筛选出四位入围的候选者。所有的人都很优秀，但盖伊被最年轻、经验最少的一位女性候选人切尔茜·派仁斯基（Chelsea Pyrzenski）吸引住了，她之前曾在 VIZIO 工作，在 DIRECTV 成功推动变革管理方面发挥了重要作用。盖伊觉得他们之间存在更强的化学反应，她会坦诚地做出评价，并且她可以打破人力资源领导者的旧模式。

事实上，她已经转变了角色，将更少的时间用于人力资源的传统管理职能，而将更多的时间用于确保领导团队更好实现沟通和凝聚力、跟踪业绩、加强人才培养和建设人才管道，并将角色转变为领导团队的关键业务合作伙伴，而不是成本中心。所有这些都提高了切尔茜的效率。她更换并升级了约 2/3 的人力资源员工，制订了新的员工薪酬计划，现在定期监督员工参与度。

切尔茜在推进自己的工作时，非常清楚需要向盖伊的团队灌输怎样的变革。这要从努力建立信任开始。她需要说服高管们，让他们相信她是一位没有偏见的倾听者，而不仅仅是通往盖伊的一条管道。她明确表示，她的关注点是成功的业务表现，她擅长协助高管们提升自身贡献并实现目标。这给了她可信度，提高了他们的信任度。

切尔茜花时间和盖伊一起打造了一支具有协作精神和凝聚力的团队，当高管们表达了自己的担忧，认为会议很简短，并且过于狭隘地集中在特定的议程项目上时，她和盖伊共同努力，放宽了议程，为深入讨论关键业务优先级和解决问题创造了更多时间。盖伊认为，他传达的信息和他的团队认为自己听到的信息之间有时会存在差异，这并不意外。切尔茜能够向盖伊解释这些差异，并帮助他理解如何更有效地表达自己的想法，以获得团队的认同，并增强主人翁意识。

切尔茜强调加强组织内部更深层次的人才培养。她与每名领导团队成员合作，以确定其职能中的关键角色，确定潜在的差距和发展领域，并制定战略来吸引和留住这些关键角色的人才。特别是，她支持 CRO、CTO 和 CPO 在其各自职能部门进行人才升级。

她还积极建设和改善公司文化。她与盖伊合作改善沟通机制，确保公司的战略、优先事项、使命和愿景得到适当的传达和理解。正因为如此，自从她加入公司以来，员工净推荐值（employee Net Promoter Score，eNPS）提高了 33%。员工对领导团队的信心增强了，他们觉得自己拥有完成工作的资源和工具，透明度也有所提高。

对于 CHRO 来说，大部分时间关注公司内部是很典型的做法。我认为，未来的 CHRO 很可能需要更加面向外部，以竞争对手为基准来衡量人员和组织能力，主动构建人才库，并学习如何利用超越组织边界的人才。CHRO 越是能够将自己从人力资源管理的角色中解放出来，转而专注于培养关键优先事项背后的人才和组织能力，业务的状况就会越好。

2019 年，该公司完成了核心平台的建设，并将客户迁移到该平台。他们逐渐增强了销售和营销能力，从而在 2020 年第一季度创下了历史纪录。随着经济收缩和招聘放缓，以及新冠疫情影响了公司的业务。盖伊感觉到了即将到来的变化，并以极快的速度调整了公司的规模，既保持了利润，又增强了获得更多更好客户的能力。在与董事会的交流中，我们发现盖伊在这一年里表现出了很强的领导力和信心，并将团队凝聚在了一起。透过改善新冠疫情期间的沟通，以及确保员工的安全及关注公司的福祉等措施，员工的士气持续提升。HireRight 准备继续加速扩张，预计将实现两位数的增长。

·核心学习内容·

HireRight

拉姆·查兰

当你的公司不具备扩张和价值倍增所需的能力时，你就需要发挥创造力。在 HireRight 的案例中，这是两家公司的合并，但更复杂的是一家较小的公司收购了一家较大的公司。这个案例揭示了快速行动的重要性、CHRO 的角色，以及打造合适的团队帮助 CEO 和公司蓬勃发展的必要性。

- 合并几个月后，彼得·芒齐格和盖伊来找阿尼什，他们表示合并对公司制定人才战略是有价值的。考虑到合并的复杂性，行动过快可能导致公司失去控制，但如果行动不够迅速，就永远无法实现投资目标。盖伊完全理解这一点。他行动非常速度，以结果为导向，并运用了所有合适的价值创造杠杆。他承担了一项不可能完成的任务，即在 12 个月内重建四个平台并迁移到一个平台上，并且完成了任务。

- 彼得和董事会都知道，HireRight 有成为一家上市公司的潜力。这意味着盖伊的周围需要有一群能为他提供支持的领导者，这样他不仅能摆脱困境，变得更有战略眼光，还可能转型为上市公司的 CEO。上市公司的 CEO 需要团队的支持，因为他们 20% 的时间将用于上市公司的事务。盖伊找到了合适的领导者，可以将职责委派给他们，而不是一直以每小时100 英里的速度奔跑。

- 你可以成为一位 CHRO，并影响公司的市值，而不需要拥有很长的 CHRO 经历。盖伊招募了切尔茜这位年轻的天才，他认为这个人能够推动公司所需的变革。切尔茜之所以如此优秀，是因为她让领导团队的高管们专注于 CEO 希望他们关注的关键工作领域，并确保贯彻这些决策。切尔茜打破了传统典型的 CHRO 模式，她减少了在管理事务上的时间投入，而是专注于在领导团队中建立信任，确保团队有效合作并相互沟通。通过这种策略，她为 CEO 腾出时间投入到影响力更大的项目中。一位成功 CHRO 的标志是为公司的业绩做出可见、可衡量的业绩。

第 9 章
结论

毫不奇怪，合适的人才在合适的岗位上会让公司的市值倍增。几个世纪以来，这种情况一直没有变，现在也没有变，将来也不会变。但是为什么有些人失败了，有些人却取得了辉煌的成功呢？为什么有些人短期成功，长期却失败了？很少有人短期和长期都取得成功。秘诀就在于，"正确的人才模型"（Right Talent Model）不仅仅是一种方法。要利用人才创造价值，就需要对传统的人力资源实践进行彻底的改革，以加强问责制并关注关键的人才决策。在我的职业生涯中，我有机会学习、设计和贯彻这一理念。我是怎么做到的呢？

2000 年，在我加入了制药公司诺华国际集团（Novartis International AG）之后不久，我获得了一段对我成长至关重要的职业经历。在我开始担任公司的人才主管后不久，我与我们极具魅力的 CEO 丹尼尔·瓦塞拉（Daniel Vasella）坐下来讨论我的工作优先事项和计划。在我们简短聊了几句后，他突然提出了一个对他来说看起来就令人头疼的问题。"我有 20 万名员工。"他说，"但我不知道人才在哪里。"

他关注的问题非常引人注目，我相信很多大型企业的CEO 都很熟悉这一点：获得员工的人数和简历细节很容易，但要在企业内部识别出真正高潜力的人才却极为困难。丹尼尔意识到，诺华的未来在于从竞争激烈、瞬息万变的市场中适应并脱颖而出的能力，取决于他能否识别并培养那些有前途的领导者，但他没有合适的工具或数据来做到这一点。

这是关于人力资本管理现状的有力称述，丹尼尔明确表示，他需要更好的体系来确保它不仅在适当的位置上有适当数量的有能力的人，而且有高潜力人才，经过不断培养和竞争，以便引领创新及推动诺华的增长。他让我重新制订公司的人才计划，并建立一条培养未来领导者的通道，以实现卓越的业绩。

这一使命及我在诺华的经历对我的职业生涯和指导哲学产生了深远的影响。丹尼尔认为，诺华有太多的高管是通过外部招募完成的，需要建立一个强大的内部人才通道来支持他的大胆目标。丹尼尔表示，他不想要偶尔强劲的好年景，他希望每年都能创造业绩纪录，他需要卓越的人才和强大的人才引擎来实现这一目标。

在诺华，我与各个部门的总经理们紧密合作，并在公司内部招募了高潜力的人才来帮助开发一套人才计划课程，这些课程对公司的业绩会产生短期和长期影响。在我任职期间，我们开发了一种方法，帮助整个公司以统一和一致的方式"谈论人才"，并开发了很多识别、指导和培养高潜力人才的计划。我们精心设计的人才培养流程极大地提高了计划参与者的技能，鼓舞了士气，也为我们提供了一个坚实的人才储备，可以从中挑选人才来填补关键职位。

我们制定的人才战略对公司及其业绩产生了广泛的影响。当我们启动这个计划时，大约 70% 空缺的高级管理职位是由外部人员填补的，这些计划的实施让这个比例发生了翻转，我们得以开始用内部候选人填补大多数的职位空缺。

消息传开了。多年来，经历过我们的加速发展和 CEO 导师计划的人，毫不意外地受到了那些寻找高效能人才的其他公司的热烈追捧。至少有 18 名该计划的参与者后来被其他公司聘为 CEO，这让诺华变成了某种意义上的 CEO 工厂。

这些经历帮助我形成了这样一种观点：人才是价值创造的核心引擎，他们是将平庸的企业与强大的企业区分开来的价值创造者。在高速增长的企业里，伴随着运营所带来的复杂日常事务，始终专注于这一事实并不总是那么容易。

同样的理念深深植根于泛大西洋投资，我们的 CEO 比尔·福特会定期阐述。泛大西洋投资的《人才行动手册》已经反复证明了它的价值，你看过的案例研究举例说明了这种方法是如何在混乱的企业日常运营中发挥作用的。这些案例研究还表明，企业选择优秀的人才至关重要，但同样重要的是为人才提供合适的激励和环境，让他们出类拔萃。正如比尔·福特和亚历克斯·戈尔斯基在我们的谈话中所强调的那样，增长型公司的 CEO 会打造高质量的团队。他们会定期重新校准并努力提高他们的人才标准，并对领导者进行评估，不仅要看他们过去的表现如何，还要看他们在解决未来的挑战方面做得有多好。他们把业务放在第一位，如果以前业绩优异的高管不能满足公司未来增长的需求，他们愿意与这些高管分道扬镳。

重要的是，有效成长的 CEO 的另一个关键品质是自我意识。高质量的领导者了解他们的优势和局限性，他们了解企业必须如何发展以抓住新的机遇，并渴望拥抱新的创意。作为一位高潜力的 CEO，这是橡树街公司的 CEO 迈克·皮克斯最令人印象深刻的特点之一。迈克和他的联合创始人均来自咨询业，运营经验有限。迈克明白这一点。我们第一次在泛大西洋投资的会议室见面时，他表示很高兴我能支持他打造领导团队和人才战略。CEO 们可能不愿意接受建议，但迈克热情而坦率。我告诉他，他永远不应该低估在自我发展方面的投资，他一直能做到。CEO 的成长速度要跟公司一样快，并保持领先地位。

放眼当前的经济环境，我相信，随着遭受重创的美国和全球经济从新冠疫情的创伤和悲剧中复苏，战略性人才管理将在未来几年变得更加重要。在我们所面临的新时代，这无疑将是一个充满挫折和特殊机遇的旅程，找到创新的方式来吸引和留住高效能人才将是价值创造的引擎，是平庸和卓越业绩的区别所在。

当前的经济状况可能会让这一点更加引人关注。首先，我认为随着政府刺激手段开始实施、疫苗接种率上升、病毒感染率下降，预计受到政府封控压制的消费很可能会大幅增长。正如我们已经看到的那样，经济活动的各个层面都受到了影响。供应链将承受压力，带来巨大的管理挑战。灵活、富有想象力、训练有素的人才将会有所作为，并可能决定哪些企业可以利用这种增长。

用我们联席总裁兼投资决策委员会主席马丁·埃斯科巴里（Martin Escobari）的话来说："疫情造成的全球混乱，只是全球企业面临颠覆的步伐在加快的一个例证。我们已经看到全球一体化和颠覆性技术的好处，但它们也带来了新的风险。颠覆性事件（如新冠疫情）或技术（如社交媒体或分布式金融）的传播可以在一夜之间戏剧性地改变一家公司的竞争地位。为了应对一个混乱更加频繁的世界，企业需要不断进化。成功的演进需要新的人才战略。"

因此，人才争夺战只会变得更加激烈。拥有可验证出色业绩的领导者，将会受到前所未有的追捧。招募和留住他们将更加困难，成本也会更高。

企业此前的目标，尤其是对于保守的商业思想家来说，是寻找那些曾做过当前需要填补职位相关的工作、拥有可验证经验的高管，给他们一种虚假的安全感。随着对人才的争夺变得越来越激烈，创新和颠覆的步伐也在不断加快，领导者需要学会招募、留住和培养具有成长潜力的人才。

换句话说，企业将不得不在潜力上下赌注。这意味着他们必须善于评估人才，识别他们可能尚未完全展现的潜力。

打造一支强大的领导团队对企业的经营业绩仍然至关重要，这意味着企业需要在招聘方面加强实力，更加注重速度和准确性，但他们也需要在企业内部规划和准备一个坚实的人才通道。一些最优秀的新员工必须要从内部物色，这意味着企业需要像我在诺华公司所做的那样，开发一些系统的计划来识别和培养这些人才，以便他们在重要机会出现时做好准备。

这种人才不能是前人的翻版。在影响我们生活所有领域的知识经济中，企业领导者需要拥有比以前更广泛的技能来创造倍增的价值。在全球网络化的世界中，各组织必须比以往任何时候都要更加紧密地协作，包括内部协作、与其他组织及合作伙伴的协作、跨越边界和跨学科的协作。未来的领导者必须更加敏捷、更能适应模糊情况，并且能够具有提前预测和打造能力。他们需要比以往更快的速度学习，成为创新和变革的推动力。

随着定义伟大领导者的品质不断演变，定义伟大团队的品质也会演变。领导团队将变得更加分散和多样化，这反过来需要重写参与的规则。团队需要更加灵活，并带来互补的经验和技能，以及不同的视角和背景。

要想取得成功，企业现在就需要做好准备，认识到人才管理在价值链中的关键作用，以及这种必要性是如何演变的。

准备好你的行动手册吧！

致 谢

　　拉姆和我非常幸运，这些年来接触了这么多伟大的领导者，让我们学习到了很多东西。他们的每一个独特故事，都塑造了我们作为企业领导者的观点，并形成了我们的观点：人才是真正的市值乘数。所有的人都是其组织的价值创造者，我们非常感谢有机会与他们每个人密切合作。

　　我们还想亲自感谢所有在本书创作过程中慷慨给予时间、支持和见解的人，包括橡树街健康的迈克·皮克斯、Depop 的玛丽亚·拉加、Vishal Retail 的古兰德·卡普尔、TPG 资本的普尼特·巴蒂亚、强生公司的亚历克斯·戈尔斯基、Hemnet 的塞西莉亚·贝克弗里斯、阿格斯的阿德里安·宾克斯、HireRight 的盖伊·阿布拉莫和切尔茜·派仁斯基。

　　我也非常感谢我在泛大西洋投资集团的合伙人，如果没有他们对"人才是真正的市值乘数"的信仰和信念，这本书就不可能完成。他们接受了我们的工作投入，培养了一种真正意义上的协作和伙伴关系。这是由比尔·福特在人才上的奉献和专注所推动的，他已经将这一点融入了泛大西洋投资集团的基因里面。此外，我还要感谢为本书提供支持的合伙人，包括：

Steven Denning、Robert Vorhoff、Melis Kahya、Chris Caulkin、Cabriel Caillaux、Peter Munzig、Martin Escobari、Anton Levy、Frank Brown、Mike Gosk、Kelly Pettit 和 Mary Armstrong。

我还要感谢我在泛大西洋投资集团的其他一些合伙人，以及其他一些商业领导者，我从他们那里学到了很多东西，他们给了我巨大的启发。这份名单包括：David Hodgson、Aaron Goldman、Paul Stamas、Graves Tompkins、Alex Crisses、Tanzeen Syed、Kell Reilly、Sandeep Naik、Shantanu Rastogi、Justin Sunshine、Brett Zbar、Andy Crawford、Andrew Ferrer、Shaw Joseph、Joern Nikolay、Christian Figge、Luis Cervantes、Eric Zhang、Lefei Sun、Preston McKenzie、David Buckley、Justin Kotzin、Cory Eaves、Alok Misra、Rob Perez、Lu Wang、Gary Reiner、Achim Berg、Ashok Singh、Thomas Ebeling、Norman Walker、Ken DiPietro、Neil Anthony、Abilio Gonzalez、Mahendra Swarup、Bob Swan、Michel Orsinger、Jeff Raikes、Steve Schneider、Jim Williams、Jin-Goon Kim、Sid Kaul、Ludwig Hantson 和 Dan Vasella。

我们也感谢 James Sterngold 的巨大贡献，感谢他让我们写这本书的想法成为现实。凭借丰富的经验和娴熟的技巧，他的写作帮助我们形成了案例研究，总结出了关键的经验教训，并将事实、轶事和历史转化为引人注目的叙事，让任何读者都能领会和理解。

Merrill Perlman 提供了出色的编辑支持，帮助我们实现了内容的专业化，与她共事绝对是一种享受。

Ideapress 出版社的 Rohit Bhargave、Fortier 公关公司的 Mark Fortier 和 Nick Davies 都对这本书的出版起到了至关重要的作用。

我还要感谢我在泛大西洋投资集团的团队，他们每个人都为泛大西洋投资集团及其投资项目的成功做出了贡献，并推动我成为一名最佳版本的领导者。特别感谢 Alex Stahl 和 Lindsay Bedard，他们在整个过程中一直支持我，并为这本书提供了宝贵的指导和反馈。我也要感谢我团队中的其他成员，包括 Asha Krishnan、Annah Jamison、AselAshergold 和 Claire Hogg。

我和拉姆要感谢查兰联合公司（Charan Associates）的 Cynthia Burr 和 Geri Willigan，以及泛大西洋投资集团的 Whitney Foreman，他们对本项目复杂的后勤工作进行了细致入微的管理。

最后，也许是最重要的，我想感谢我的大家庭，包括我的妈妈、爸爸和弟弟 Rajnish，是他们比任何人都更好地向我灌输了追求卓越的价值观。我要感谢 KL Chadha 和 Mohit 博士。最后，同样也是最重要的，我要感谢我的两个儿子 Archit 和 Arnesh 和我的妻子 Mona，在我们环游世界的时候，他们一直陪伴在我身边。一生的伴侣让旅程和目的地都是值得的。